Inhalt

Mit Texten und Medien umgehen

Über Sprache nachdenken

Richtig schreiben

Was weißt du noch aus Klasse 4?

1 Lies den folgenden Text über zwei Nachbarstaaten Deutschlands.

Polen liegt in Mitteleuropa, östlich von Mecklenburg-Vorpommern, Brandenburg und Sachsen. Es ist etwas kleiner als Deutschland. Die Hauptstadt ist Warschau. Im Norden des Landes befinden sich lange Sandstrände. Im Süden, an der Grenze zur Slowakei, liegt das Gebirge Hohe Tatra. Bereits im 10. Jahrhundert schlossen sich verschiedene Volksstämme zusammen und gründeten den Staat Polen. Im 14. Jahrhundert schloss sich Polen mit dem benachbarten Litauen zusammen. Es entstand der größte Staat in Europa. Im 18. Jahrhundert teilten die Nachbarstaaten Russland, Preußen und Österreich Polen unter sich auf. Nach dem 1. Weltkrieg wurde Polen eine Republik. Wer eine Reise in die Vergangenheit Polens machen will, sollte unbedingt die Marienburg besuchen. Sie wurde im Mittelalter erbaut und ist bis heute die größte Backsteinburg Europas.

Tschechien liegt in Mitteleuropa, östlich von Sachsen und Bayern. Es ist nur etwas größer als das angrenzende Bayern. Die Landschaft ist vor allem durch sanfte Hügel, Seen, Wälder und Ackerland gekennzeichnet. Drei große Flüsse fließen durch Tschechien: die Elbe, die Oder und die Moldau. Die Republik Tschechien gibt es erst seit 1993. Schon viel älter als Tschechien selbst ist die Hauptstadt Prag. Vor über 1000 Jahren wurde da, wo das heutige Prag liegt, die Burg »Hradschin« erbaut. Bis heute thront die Prager Burg auf einem Hügel in der Innenstadt. Neben der Burg gibt es in der tschechischen Hauptstadt aber noch viele andere alte Gebäude und Kirchen. Deswegen wird Prag auch die »Goldene Stadt« genannt. In Prag gibt es übrigens sehr viele Orte mit dem Namen Karl. Sie wurden alle nach Karl IV. benannt, der im 14. Jahrhundert König von Böhmen war. Am bekanntesten ist die Karlsbrücke. Bereits 1357 ließ Karl IV. die Brücke errichten. Damit ist die Karlsbrücke eine der ältesten Steinbrücken Europas.

2 Überprüfe, welche der folgenden Aussagen richtig ist.

1 Polen grenzt an Brandenburg, Mecklenburg-Vorpommern und Sachsen-Anhalt.
2 Polen grenzt an Mecklenburg, Brandenburg und Sachsen.
3 Polen grenzt an Brandenburg und Mecklenburg-Vorpommern.
4 Polen grenzt an Mecklenburg-Vorpommern, Brandenburg und Sachsen.

3 Stelle Steckbriefe von Polen und Tschechien zusammen.
Übertrage dazu die folgende Tabelle in dein Heft und ergänze sie.

	Polen	**Tschechien**
Lage in Europa Gründung Hauptstadt Landschaft historische Personen berühmte Bauwerke		

4 Schreibe die Wörter aus der Wortschlange in dein Heft.
Nenne die Wortart, zu der sie gehören.

östlichkleinaltgoldentschechischgroßlanghochberühmtpolnisch

5 Wähle ein passendes Wort und ersetze in den Sätzen die Verben.

unternehmen – fließen – erbaut – liegt

1 Polen ist in Mitteleuropa.
2 Wir machen eine Reise in die Geschichte Polens.
3 Drei große Flüsse sind in Tschechien.
4 Vor über 1000 Jahren wurde die Burg »Hradschin« entwickelt.

6 Schreibe die folgenden Wörter in der richtigen Groß- und Kleinschreibung auf.

STRAND SCHNELL SÜDEN LIEGEN FLUSS DREI
VIEL LANDSCHAFT BRÜCKE KLEIN HÜGEL SEE
BESUCHEN WALD

Miteinander sprechen

Begrüßen – sich vorstellen

1 Ben nimmt Dominik mit zum Fußballtraining, wo er niemanden kennt.

→ S. 48 Präsentieren (Mimik und Gestik)

a Lest den Dialog mit verteilten Rollen und spielt ihn vor.
Denkt auch an Betonung, Gestik und Mimik.

Ben Hallo, Stefan!
Stefan Hi, Ben!
Ben Ich habe hier meinen Kumpel aus der Schule mitgebracht.
Stefan Hi!
Dominik Hallo. *(Pause)*
Stefan Wie heißt du denn?
Dominik Dominik. *(Pause)*
Stefan Ja und, willst du bei uns mitspielen?
Dominik Vielleicht.
Stefan Wie alt bist du denn?
Dominik Elf.
Stefan Hast du schon mal irgendwo Fußball gespielt?
Dominik Nein.
Stefan Gar nicht?
Dominik Doch. Bei uns in der Straße. Und in der Schule.
Stefan Na, dann schauen wir mal. Du kannst ja einfach zwei-, dreimal mittrainieren, dann gucken wir, ob es dir gefällt, okay?
Dominik Hm.

b Beschreibe, welchen Eindruck diese erste Begegnung zwischen Dominik und Stefan auf dich macht.

c Überlege, was Dominik besser machen könnte.
Was sollte Ben ändern?

→ S. 48 Präsentieren (Mimik und Gestik)

2

a Spielt auch den folgenden Dialog mit verteilten Rollen vor. Denkt an Betonung, Gestik und Mimik.

Ben Hallo, Stefan!
Stefan Hi, Ben!
Ben Du, Stefan, das hier ist Dominik, ein Kumpel aus meiner Klasse. Der möchte gern mal mittrainieren.
Stefan Hallo, Dominik! Na, das ist ja prima, du kannst gern mal reinschauen. Hast du denn schon mal Fußball im Verein gespielt?
Dominik Hi! Nein, habe ich noch nicht. Aber ich bin natürlich ein großer Fan von Bayern München. Wie die letzten Mittwoch in der Champions League gespielt haben, war wieder mal klasse. Besonders im Angriff sind die echt spitze. Später will ich auch unbedingt ein guter Stürmer werden.
Stefan Na, von deinen Zukunftsplänen kannst du ja bei Gelegenheit mehr erzählen. Geht euch erst mal umziehen.

b Beschreibe, welchen Eindruck dieser Dialog auf dich macht. Was sollte Dominik ändern?

! Wenn du auf einen dir unbekannten Menschen triffst, **stelle dich** kurz **vor**. Wähle dabei je nach Situation aus, was für dein Gegenüber wichtig ist.

3

a Ordne zu, welche Begrüßung zu welcher Situation passt.

Guten Tag!	Jannik begrüßt seinen Freund Ken an der Bushaltestelle.
Hallo!	Hannes öffnet dem Vater seines Freundes die Tür, als dieser am Abend seinen Sohn abholen will.
Hi!	Piet kommt in das Sekretariat der Schule.
Guten Morgen!	Matilda kommt nach Hause.
Guten Abend!	Jacqueline betritt den Bäckerladen.

b Bestimme, welche Begrüßungen formell, welche familiär oder freundschaftlich sind. Suche weitere Beispiele und notiere sie in einer Tabelle.

Andere vorstellen

1 Am »Tag der offenen Tür« begegnest du mit deiner Mutter dem Schulleiter, der freundlich lächelnd stehen bleibt. Was machst du?

a Wähle eine der Möglichkeiten aus und begründe deine Entscheidung.

1 Ich lächele freundlich zurück, grüße und gehe dann schnell weiter.
2 Ich bleibe stehen, begrüße ihn freundlich und stelle zunächst meiner Mutter den Schulleiter vor und dann dem Schulleiter meine Mutter.
3 Ich bleibe stehen, begrüße den Schulleiter freundlich und stelle ihm zunächst meine Mutter vor und dann meiner Mutter den Schulleiter.

b Lies den folgenden Merkkasten. Begründe, welche der in Aufgabe a genannten Möglichkeiten richtig ist.

! Menschen, die sich noch nicht kennen, musst du **einander vorstellen**. Dabei gelten die von Adolf Freiherr von Knigge im 18. Jahrhundert aufgestellten und inzwischen aktualisierten Regeln:
1. Stelle der ältesten Person immer zuerst die jüngeren vor.
2. Bei Gleichaltrigen stelle den Damen zuerst die Herren vor.
3. Verwende zum Vorstellen Formulierungen, wie:
   Herr .../Frau ..., darf ich Ihnen ... vorstellen.
   Maria, ich möchte dir ... vorstellen.
4. Nenne auch die wichtigste Information zu der Person, z. B.:
   Das ist ..., mein Vater / meine Mutter / ein Freund / eine Freundin.

c Suche Begründungen für die Regeln 1, 2 und 4 aus dem Merkkasten.

2 Am »Tag der offenen Tür« stellst du zwei Personen einander vor. Verfasst einen Dialog, wählt reale Personen, z. B. Lehrer und Eltern. Spielt das gegenseitige Vorstellen mit verteilten Rollen. Nutzt die im Merkkasten vorgeschlagenen Formulierungen.

Was habe ich gelernt?

3 Überprüfe, was du über das Vorstellen gelernt hast. Beantworte dazu die folgenden Fragen.

1 Worauf musst du achten, wenn du dich jemandem vorstellst?
2 Worauf musst du achten, wenn du andere einander vorstellst?

Gespräche führen – eine Meinung vertreten

Wünsche und Meinungen äußern

1 Was würdest du gern im Deutschunterricht lernen?

a Schreibe deine Wünsche als Stichwörter auf Karteikarten.

b Stellt eure Wünsche den anderen vor. Heftet die Karteikarten ungeordnet an die Tafel.

c Bündelt die Karteikarten nach Themen und findet Überschriften.

2

a Lies die folgenden Sätze und äußere deine Meinung dazu.

1. Für das Wochenende sollten Schülerinnen und Schüler Hausaufgaben bekommen, damit sie sich nicht langweilen.
2. Wenn ich mit etwas nicht einverstanden bin oder geärgert werde, wehre ich mich mit Gewalt, denn das ist das Einzige, was die anderen verstehen.
3. Wenn ich wütend bin oder mich z.B. über den Lehrer ärgere, brülle ich in der Klasse herum, um mich zu beruhigen.
4. Im Unterricht darf nicht getrunken werden.
5. Handys dürfen nicht mit in die Schule genommen werden.
6. Wenn mein Sitznachbar etwas nicht versteht, mache ich einen möglichst lauten Spruch, damit er mit den anderen darüber lacht.

! Du kannst zu Aussagen deiner Gesprächspartner deine **Meinung äußern**, das heißt, du kannst ihnen zustimmen oder ablehnen.
Du kannst aber auch eine Bedingung für deine Zustimmung nennen oder eine andere Lösung vorschlagen (Kompromiss). Du kannst folgende Formulierungen nutzen, z.B.:
Zustimmung: *Du hast Recht. Da stimme ich dir zu. Das finde ich auch.*
Ablehnung: *Da kann ich dir nicht Recht geben. In dem Punkt stimme ich dir nicht zu. Ich sehe das anders.*
Kompromiss: *Ich bin nur teilweise einverstanden. Ich würde zustimmen, wenn ... Das ist in Ordnung, wenn ...*

b Wähle in Aufgabe a aus, welche Regeln dir für den Unterricht und das Zusammenleben in der Schule sinnvoll und wichtig erscheinen. Schreibe sie in dein Heft.

c Schreibe Änderungsvorschläge zu denjenigen Äußerungen auf, mit denen du nicht einverstanden bist.

Ich würde vorschlagen, dass …

d Überarbeite diejenigen Äußerungen, denen du nur teilweise zustimmen kannst. Schreibe Kompromissvorschläge auf.

Damit bin ich nur einverstanden, wenn …
Ich würde zustimmen, wenn …

3 Einigt euch auf fünf gemeinsame Regeln für den Unterricht und das Zusammenleben in der Klasse.
Haltet diese Regeln auf einem Plakat fest.
Gestaltet es anschaulich, indem ihr z. B. unterschiedliche Farben oder Symbole verwendet.

4

a Übertrage die folgende Tabelle in dein Heft. Schreibe die Satzanfänge aus dem Merkkasten auf S. 11 in die richtige Spalte. Ergänze mit eigenen Beispielen.

Zustimmung	Ablehnung	Kompromiss
Du hast Recht. …	Da kann ich dir nicht Recht geben. …	Ich bin nur teilweise einverstanden. …

TIPP
Nutze Aufgabe a und den Merkkasten auf S. 11.

b Setze dich mit den folgenden Meinungen auseinander. Stimme zu, lehne ab oder schlage einen Kompromiss vor. Begründe deine Meinung.

1 Mädchen und Fußball passen nicht zusammen.
2 Für Haustiere braucht man viel Zeit.
3 Tiere gehören nicht in die Wohnung.

Meinungen begründen

1

a Wie viele Stunden siehst du am Tag durchschnittlich fern?
Siehst du gern fern? Wenn ja, warum?
Tausche dich mit den anderen darüber aus.

b In den Medien (z. B. Zeitungen, Zeitschriften, Internet) kann man immer wieder lesen, dass Kinder zu viel fernsehen.
Was denkst du darüber? Was spricht für das Fernsehen?
Was dagegen?

2 Sabine Müller und ihre Tochter Lara sitzen am Frühstückstisch.

a Lies den folgenden Dialog.

Mutter *(hält ihrer Tochter die Zeitung vor die Nase, zeigt auf eine Überschrift)* Da, guck mal!
Tochter Och, Mama, lass mich doch damit in Ruhe!
Mutter Ich sage das ja schon die ganze Zeit, du siehst zu viel fern. Und jetzt steht es hier schwarz auf weiß: »Fernsehen macht Kinder dumm«! Weißt du was, wir stellen die Flimmerkiste jetzt einfach mal eine Zeit lang auf den Dachboden – fertig!
Tochter Mama, was soll das denn?
Mutter Das wird dir mal guttun!
Tochter Du immer mit deinen blöden Ideen!
Dann geh ich eben zu Tanja und guck da!
Mutter *(streng)* Das machst du nicht!
Tochter *(laut werdend)* Mache ich wohl! *(rennt raus, knallt die Tür)*

b Spielt den Dialog mit verteilten Rollen vor.

c Überlege, was in dem Gespräch zwischen Mutter und Tochter schiefläuft. Welche Sätze hemmen das Gespräch?

3

a Nenne Gründe, mit denen die Tochter die Mutter überzeugen könnte.

b Finde Begründungen, mit denen die Mutter die Tochter von ihrer Meinung abbringen könnte.

!

Willst du jemanden von deiner **Meinung** überzeugen, dann musst du deine Sichtweise **begründen**. Bleibe sachlich und nenne Beispiele. Verwende Formulierungen, wie:
*Ich bin davon überzeugt, **weil** ...*
*Ich teile deine Meinung nicht, **da** ...*
*Ich sehe das so, **denn** ...*

TIPP
Verwende die Formulierungen aus dem Merkkasten.

4 Wie könnte das Streitgespräch zwischen Sabine Müller und ihrer Tochter Lara besser verlaufen?

a Schreibe den Dialog neu, sodass Mutter und Tochter ihre Meinungen sachlich begründen, Beispiele nennen und einen Kompromiss finden.

b Stellt euch eure Dialoge gegenseitig vor und besprecht, was ihr noch verbessern könntet.

c Wählt einen der Dialoge aus und spielt ihn der Klasse vor.

5 Wählt eine der folgenden Situationen aus. Verfasst ein gelungenes Streitgespräch, in dem beide Seiten sich gegenseitig aufmerksam zuhören und ihre Meinungen sachlich begründen.

1. Lennarts Mutter ist der Meinung, dass Lennart zu viel Zeit mit Computerspielen verbringt.
2. Antons Vater will, dass Anton wegen seiner schlechten Englischnoten das Handballtraining aufgibt.
3. Aufgrund der hohen Kosten will Frau Wenk ihrer Tochter Josephine das Handy wegnehmen.

Aktiv zuhören

1 Schickt fünf Schülerinnen/Schüler aus dem Klassenzimmer und einigt euch dann auf ein Bild oder Foto.

a Einer von euch beschreibt es dem Ersten, den ihr wieder hereinruft, so genau wie möglich, ohne dass dieser es sehen kann. Der Erste muss das Bild danach dem Zweiten beschreiben usw., bis der Letzte wieder in der Klasse ist.

b Lest den folgenden Merkkasten und tauscht euch darüber aus, ob ihr aktiv zugehört habt und was am besten geklappt hat.

!

Um einen Gesprächspartner richtig verstehen zu können, ist aufmerksames und genaues Zuhören wichtig.
Aktiv zuhören heißt,
- den Gesprächspartner anzusehen,
- eine Rückmeldung zu geben (nicken, Kopf schütteln, Stirn runzeln usw.),
- das Gesagte mit eigenen Worten zu wiederholen und
- nachzufragen.

2 Führt zu einer der folgenden Aussagen ein »Echogespräch« durch.

1 Jungen können nicht zuhören.
2 Mädchen reden immer hinter dem Rücken über andere.
3 Schule ist langweilig.

So könnt ihr mit einem »Echogespräch« das Zuhören üben
- Der erste Redner äußert und begründet seine Meinung.
- Der zweite Redner gibt mit eigenen Worten die Meinung seines Vorredners wieder, bevor er selbst seine Meinung äußert und begründet usw.
- Die Zuhörerinnen/Zuhörer überprüfen, ob der Beitrag des jeweiligen Vorredners richtig wiedergegeben wurde.
- Danach wird das Gespräch bewertet:
  – Haben die Redner einander richtig zugehört?
  – Wer hat seinen Vorredner missverstanden?

Gesprächsregeln einhalten

1 Was seht ihr gern im Fernsehen?
Warum schaut ihr euch diese Sendungen so gern an?

2 Moritz und Tim übernachten am Wochenende bei Jakob.
Sie haben offenbar sehr unterschiedliche Lieblingssendungen.

a Lies den folgenden Dialog.

Jakobs Mutter *(schaut auf die Uhr)* So, ihr drei, ich muss jetzt noch schnell zu einer Nachbarin. Ihr seid jetzt ja schon groß genug und dürft noch etwas fernsehen. Wenn ich aber nachher um zehn wiederkomme, möchte ich, dass ihr im Bett seid, in Ordnung?!

Jakob Na klar, Mama! Tschüs! *(Jakob, Tim und Moritz stecken ihre Köpfe in die Fernsehzeitschrift)*

Jakob Hej, spitze, gleich kommt »Deutschland sucht den Superloser« – da freue ich mich schon die ganze Woche drauf!

Tim Ach nö, darauf hab ich überhaupt keinen Bock, ich will viel lieber »Wer wird Milliardär?« sehen!
(nimmt die Fernbedienung zur Hand und will sein Programm einstellen)

Moritz Also ich …

Jakob *(schnappt nach der Fernbedienung)* Halt, warte, es wird »Deutschland sucht den Superloser« geguckt und damit basta!

Tim Ach nee, so 'n Mist will ich nicht gucken. Das ist doch nur für Blödmänner. Da machen wir das Ding lieber ganz aus. *(überlässt Jakob die Fernbedienung und geht zum Fernseher, um ihn auszuschalten)*

Jakob Selber Blödmann! – Ej, was …

Moritz *(gleichzeitig)* Also ich …

Jakob … soll denn das jetzt?! *(springt hinter Tim her, versucht, ihn aufzuhalten. Dabei stolpern sie, fallen gegen den Fernseher, der kippt um und … implodiert)*

Jakob, Tim Mist!!

b Spielt das Streitgespräch zwischen Jakob, Tim und Moritz mit verteilten Rollen.

3

a Übertrage die folgende Tabelle in dein Heft.
Schreibe in die linke Spalte, was bei dem Gespräch zwischen Moritz, Tim und Jakob misslingt.

schlechtes Gesprächsverhalten	gutes Gesprächsverhalten
Schimpfwörter, z. B. Blödmann ...	keine Schimpfwörter verwenden ...

b Wie könnte es besser ablaufen?
Schreibe deine Verbesserungsvorschläge in die rechte Spalte.

c Ergänze die Tabelle durch weitere Beispiele.
Beziehe dazu deine eigenen Erfahrungen ein.

4 Übertrage die folgende Tabelle in dein Heft. Ordne die Äußerungen in die richtige Spalte ein.

1 Wie kann man denn nur auf so eine bescheuerte Idee kommen?
2 Willst du vielleicht als Erste(r) deine Meinung dazu sagen?
3 Das ist ja totaler Quatsch!
4 Das kann man bestimmt auch so machen, aber ich würde lieber ...
5 Ich kann dich gut verstehen, doch ich finde ...
6 Ich sag euch gleich, ich will, dass wir ..., da gibt es gar keine Diskussion, basta!
7 Was denkst du dazu?

guter Beginn einer Diskussion	ermutigende Äußerung	schlechter Beginn einer Diskussion	entmutigende Äußerung
...	...	...	...

!

In Gesprächen treffen häufig verschiedene Meinungen aufeinander. Um dennoch eine gemeinsame Lösung zu finden, die alle zufrieden stellt, solltest du folgende **Gesprächsregeln** beachten:

- bringe deine Sichtweise ein und begründe sie sachlich,
- lass die anderen zu Wort kommen und unterbrich sie nicht,
- höre aufmerksam zu, frage nach und gehe auf das ein, was der andere gesagt hat,
- verletze den anderen nicht durch Schimpfwörter oder Vorwürfe,
- bleibe freundlich und höflich,
- sieh die anderen an,
- suche einen Kompromiss.

5

a Schreibt fünf Gesprächsregeln aus dem Merkkasten auf, die für eure Klasse besonders wichtig sind.

b Stellt die Regeln der Klasse vor. Einigt euch gemeinsam in der Klasse auf fünf Gesprächsregeln.

c Findet für jede Regel ein anschauliches Symbol und eine Farbe. Fertigt fünf Karteikarten in den entsprechenden Farben an. Notiert auf der einen Seite jeweils die Regel, zeichnet auf die andere Seite das Symbol für die Regel. Wenn jemand gegen eine Regel verstößt, kann jeder gleich die passende Karte hervorziehen.

6 Überlegt, wie das Gespräch zwischen Jakob, Tim und Moritz (S. 16, Aufgabe 2 a) besser ablaufen könnte.

a Schreibt gemeinsam ein neues Gespräch.

b Spielt eure Gespräche in der Klasse vor. Besprecht anschließend, ob die Gesprächsregeln aus dem Merkkasten eingehalten wurden.

Was habe ich gelernt?

7 Überprüfe, was du über Gespräche gelernt hast. Beantworte dazu die folgenden Fragen.

1. Welche Formulierungen sollte man in Gesprächen vermeiden?
2. Nenne drei für dich besonders wichtige Gesprächsregeln.

Erzählen

Eine Geschichte nacherzählen

→ S. 58 Märchen lesen und verstehen

→ S. 15 Aktiv zuhören

1 Manchmal möchtet ihr etwas, was ihr gehört, gesehen oder gelesen habt, nacherzählen.
Um das zu üben, probiert das folgende Spiel aus.

Wählt drei Schülerinnen und Schüler aus und schickt zwei von ihnen aus dem Klassenzimmer. Lest dem Ersten den Beginn eines Märchens vor. Der Zweite wird hereingerufen. Der Erste erzählt nun dem Zweiten nach, was vorgelesen wurde. Anschließend wird der dritte Schüler hereingerufen und hört vom zweiten die Nacherzählung des Märchenanfangs.

Hört gut zu, was nacherzählt wird, und beobachtet, wie sich der Märchenbeginn möglicherweise verändert. Was stellt ihr fest?

Das Nacherzählen vorbereiten

→ S. 64 Sagen lesen und verstehen

2 Die folgende Geschichte – eine Sage – eignet sich gut zum Nacherzählen.

a Lies sie zuerst still.

Elend

Der Bauer Hippel wollte nach Schierke fahren; er war dort zur Kindtaufe eingeladen. Der Sohn seines Bruders sollte getauft werden auf den Namen Ernestus [...]. Der Bauer Hippel fand [...] den Namen Ernestus unsinnig und hätte gewünscht, dass man dem Jungen einen ordentlichen Namen gegeben hätte, vielleicht Otto oder Karl. Doch er konnte seinen Willen nicht durchsetzen und musste sich fügen. Um nun bei dem Taufschmause des hochfahrenden »Ernestus« wegen nicht gar so trübsinnig dasitzen zu müssen, hatte er einige Weinfässer auf seinen Wagen geladen. [...]
Schon war man einige Stunden unterwegs und das Ziel der Reise nahe, da gelangten sie an einen Berg, der steil emporstieg und sich ihnen wie ein unüberwindliches Hindernis in den Weg stellte. Der Bauer Hippel stöhnte, das Pferd schnaufte – dann wagten sie den Aufstieg. Zuerst ging alles gut. Das Pferd zog mit letzter Kraft, Bauer Hippel schob, dass ihm schier die Zunge aus dem Mund hing. Als sie aber auf halber Höhe waren, löste sich ein Fass von den Riemen und holperte zu Tal.

Der Bauer, als er das Unheil bemerkte, rief: »Ach, Elend!« Er hielt das Pferd an und lief dem Fass nach und schob es mit vieler Mühe wieder den Berg hinauf. Kaum hatte er es auf den Wagen geladen, wieder festgebunden und das Pferd angetrieben, da löste sich das zweite Fass und kollerte bergab. Wieder rief der Bauer: »Ach, Elend!«, aber er holte auch dieses Fass zurück, lud es wieder auf und trieb das Pferd an. Diesmal gelangten sie bis zum Gipfel und schließlich bis nach Schierke, wo der Bauer Hippel mit viel Gelärm empfangen wurde.

Als er später von dem Elend erzählte, das ihm widerfahren war, bedauerten ihn alle, und sein Bruder meinte, einem solchen Wein, der bergab zu Tal liefe, dürfe nicht vergönnt sein, noch länger im Fass zu schlafen. So wurde ein Fass geöffnet und geleert, und das zweite Fass wurde auch geöffnet und ausgetrunken. Nur das dritte Fass hob man zum Taufschmaus auf. [...]

Nach Jahren baute sich Bauer Hippel am Fuß des Berges, den seine Weinfässer herabgerollt waren, ein Haus, denn er wollte in der Nähe seines Bruders leben. Und zur Erinnerung an jene Taufe nannte er sein Haus »Elend«.

Später siedelten sich hier noch andere Familien an, der Name »Elend« aber blieb bis zum heutigen Tag.

Berühmte Holzkirche in Elend

b Notiere dir Stichpunkte zum Ablauf der Handlung.

Ort: im Harz, auf dem Weg nach Schierke
handelnde Personen: Bauer Hippel, ...
1. Textabschnitt: Bauer Hippel nach Schierke zur Taufe
...

! Wenn du eine **Geschichte nacherzählen** willst, musst du den Text genau lesen oder gut zuhören. Teile den Text in Abschnitte ein. Notiere dir zu jedem Abschnitt Stichpunkte zum Ablauf der Handlung. Achte dabei auf die zeitliche Reihenfolge, auf den Ort der Handlung und auf die handelnden Personen und ihre Gedanken und Gefühle. Erzähle die Geschichte anschließend mit eigenen Worten nach.

Das Nacherzählen üben

c Erzähle nun die Sage nach. Halte dich dabei so genau wie möglich an den Text. Nutze dazu deine Stichpunkte.

Aus einer anderen Perspektive erzählen

1 Stelle dir vor, Ernestus fragt einige Jahre später seinen Onkel, was damals auf dem Weg zu seiner Taufe passiert ist.

Den Inhalt einer Erzählung planen

→ S.56 Texte verfassen

a Lies die Sage aus Aufgabe 2 a (S.19–20) noch einmal und überlege, an welchen Stellen du etwas ändern musst.

b Überprüfe, ob du die Stichpunkte (S.20, Aufgabe 2 b) nutzen kannst.

c Versetze dich in die Situation des Bauern, als die Fässer vom Wagen den Berg hinabrollten, und schreibe in wörtlicher Rede auf, was der Bauer in diesen Momenten gedacht oder gesagt haben könnte.

! Du kannst eine Geschichte so genau wie möglich nacherzählen. Du kannst sie aber auch verändern, z.B. **aus einer anderen Perspektive erzählen:** aus der Sicht des Ich-Erzählers oder der Sie-Erzählerin / des Er-Erzählers.
Der Ich-Erzähler ist am Geschehen selbst beteiligt. Er erzählt aus seiner Sicht und gibt seine Gedanken und Gefühle wieder.
Die Sie-Erzählerin / Der Er-Erzähler ist nicht selbst beteiligt, sondern beobachtet von außen.

2

Den Textentwurf schreiben

a Schreibe die Sage nun aus der Perspektive des Bauern Hippel als Ich-Erzähler. Nutze dazu deine Vorarbeiten aus Aufgabe 1.

Den Textentwurf überarbeiten

b Überarbeite deinen Textentwurf und schreibe die Endfassung. Stelle deinen Text in der Klasse vor.

Eine Geschichte erfinden

Den Inhalt einer Geschichte planen und gestalten

- Bilder als Anregung nutzen

1 Werde selbst Schriftstellerin/Schriftsteller und schreibe Geschichten. Stelle dein eigenes Geschichtenbuch her.

a Zunächst brauchst du für die Geschichte eine Idee. Sieh dir dazu das Foto an. Was könnte hier vorgehen?

- Ein Brainstorming durchführen → S. 54

b Führt ein Brainstorming, also eine Ideensammlung zum Foto, durch. Stellt euch eure Gedanken gegenseitig vor.

- Eine Reizwortkette bilden

2

a Stelle mithilfe des Fotos eine Kette von Reizwörtern zusammen.

Fluss – Hilfe – Hund – ...

b Bildet weitere Wortketten zu dem Foto. Stellt sie euch gegenseitig vor.

3 Ben hat eine Geschichte zur Wortkette aus Aufgabe 2 a entworfen.

a Lies seinen Entwurf.

Drei Freunde angelten am Fluss. Einer von ihnen, Tony, hatte seinen Hund dabei. Sie standen ruhig, ohne zu sprechen, um die Fische nicht zu verjagen.
Plötzlich schreckten sie auf. Was war das? Laute Hilferufe. Sie blickten sich verzweifelt an. Ein merkwürdiges Bündel trieb auf dem Fluss heran. Ehe sie etwas tun konnten, sprang Tonys Hund ins Wasser und zog das Bündel an Land.

• Fragen stellen

b Überlege, wodurch Bens Text ergänzt werden könnte, indem du Fragen an den Text stellst.

Wie heißen die anderen beiden Freunde?
Woher kamen die Hilferufe?
Was dachten ...

c Beantworte die Fragen in Stichpunkten und überlege, an welchen Stellen des Textes die Ergänzungen eingefügt werden können.

• Den Beginn einer Geschichte gestalten

4 Überlege jetzt, wie du den Beginn der Geschichte gestalten kannst.

a Lies diese Geschichtenanfänge. Welche Erwartungen wecken sie?

1 Als Ines und Mario bei ihrem Onkel in Mecklenburg zu Besuch waren, wollten sie unbedingt einmal in einem Zelt hinter dem Haus auf einer Wiese übernachten. »Gut«, stimmte der Onkel am Ende zu, »aber kommt mir nicht in der Nacht damit an, dass ihr Angst habt!«

2 Gustav Tüftel macht seinem Namen alle Ehre. Wenn er Zeit hat, geht er in den Keller, in dem er allerhand Gerätschaften zusammengetragen hat, an denen er herumbastelt. So hat er bereits einen Tropfenfänger für die Nase und einen Schuh mit Sprungfedern unter der Sohle erfunden. Schon eilt er wieder in den Keller, denn gerade ist ihm ein neuer Gedanke gekommen.

3 Mareike stöbert bei ihrer Oma auf dem Dachboden gern in alten Kisten. Dabei kramt sie vergilbte Fotos hervor, zieht alte Kleider an oder setzt sich verbeulte Hüte auf. Einmal stieß sie beim Stöbern in der Bodenkammer auf eine wurmstichige Truhe. Als sie den Deckel öffnete, entdeckte sie etwas Merkwürdiges.

4 Ich hatte unruhig geschlafen und irgendetwas vom Fliegen geträumt. Als ich aufwachte, erschrak ich, denn ich lag nicht in meinem Bett und auch nicht in meinem Zimmer. Wo war ich nur? Ich rieb mir die Augen. Um mich herum sah alles so anders aus. Es schien mir, als wäre ich in einem fremden Land.

b Untersuche die Geschichtenanfänge genauer. Ordne sie den im Merkkasten auf S. 24 genannten Ideen zu.

> **!** Der **Anfang einer Geschichte** ist wichtig, um die Zuhörer oder Leser für die Geschichte zu interessieren.
> Was du am Anfang einer Geschichte schreiben kannst:
> - Vorstellen und Beschreiben der Personen,
> - Schildern einer Situation, in der sich die Personen befinden,
> - Beschreiben des Handlungsortes,
> - Beschreiben der Tageszeit, der Jahreszeit oder des Wetters,
> - Beschreiben wichtiger Gegenstände.

c Wähle eine Möglichkeit aus dem Merkkasten und überarbeite den Beginn von Bens Geschichte (S. 22, Aufgabe 3 a).

• Stoff sammeln und gliedern

5 Carsten hat sich für seine kleine Schwester eine märchenhafte Geschichte ausgedacht.

a Zur Vorbereitung hat er eine Stoffsammlung angelegt. Seht sie euch genau an und besprecht in der Klasse, wie sie aufgebaut ist.

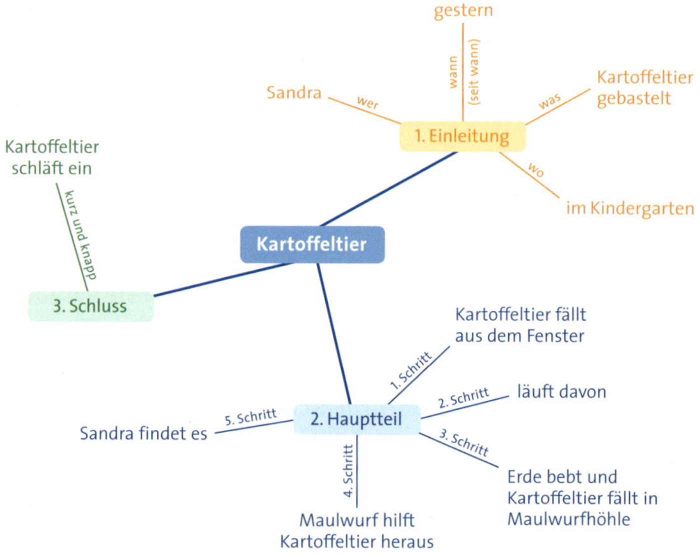

> **!** Um deine Gedanken und Ideen anschaulich darzustellen, kannst du eine Übersicht gestalten.
> Diese eignet sich besonders, wenn du eine **Stoffsammlung** für deine Geschichte erarbeitest.

b Lies jetzt Carstens Geschichte. Wie gefällt sie dir? Begründe deine Meinung.

Sandra hat ein Kartoffeltier gebastelt. Sie lässt es auf dem Fensterbrett stehen. Bei einem Windstoß fällt das Kartoffeltier aus dem Fenster. Als es unten ankommt, ist es ganz benommen. Aber nachdem es sich erholt hat, läuft es einfach davon. Nach einer Weile kommt es an einen Fluss. Es macht eine Pause. Plötzlich beginnt die Erde zu beben und gibt unter ihm nach. Das Kartoffeltier fällt einen Meter tief. Als es sich aufgerappelt hat, sieht es in die Augen eines Maulwurfs. »Hilfe, ich will hier raus!«, ruft es. »Keine Angst«, sagt der Maulwurf, »ich helfe dir. Bleib dicht hinter mir, ich werde einen Gang zu dir nach Hause graben.« Und er beginnt zu graben.
Es dauert nicht lange und er ist an der Oberfläche angelangt.
»Tschüs!«, sagt der Maulwurf zum Kartoffeltier und verschwindet wieder in der Erde. Nach wenigen Minuten kommt Sandra.
»Du kleines schussliges Ding«, sagt sie und nimmt das Kartoffeltier mit ins Haus. Dort setzt sie es in ein Regal.
»Puh, das ist noch einmal gut gegangen«, sagt das Kartoffeltier und schläft ein.

c Vergleiche den Aufbau der Geschichte mit Carstens Stoffsammlung (Aufgabe a). Was stellst du fest?

• Wörtliche Rede gestalten

6 Carstens Geschichte wirkt durch die wörtliche Rede lebendig.

a Suche einige Beispiele dafür aus seinem Text heraus.

b Gestaltet nun selbst kurze Gespräche zu einer der folgenden Situationen.

1 Aus Unvorsichtigkeit fährst du mit deinem Fahrrad eine Frau an, die vom Einkaufen kommt. Welches Gespräch ergibt sich daraus?
2 Zwei Jungen schleichen sich in den Garten des Nachbarn. Was flüstern sie sich zu?

!

Die **wörtliche Rede** verleiht deiner Geschichte Lebendigkeit. Um die Erzählung anschaulich zu gestalten, bemühe dich auch um **passende Verben** und **treffende Adjektive**. Verwende außerdem unterschiedliche Satzanfänge, z. B.: *plötzlich, jetzt, auf einmal, später, schließlich* ... Deine Erzählung wird dann abwechslungsreich.

7 Erfindet nun selbst Geschichten.

a Besprecht zuerst gemeinsam, wem und wie ihr eure fertigen Geschichten vorstellen wollt.

1 Ihr könnt eure Geschichten z. B. kunstvoll gestalten und in einem Buch zusammenfassen.
2 Ihr könnt auch eine Geschichtenausstellung oder einen Geschichtenabend organisieren.

TIPP
Wenn du die Endfassung noch gestalten willst, wähle ein geeignetes Blatt aus und lass genügend Platz für die Gestaltung.

b Schreibt jetzt eure Geschichten.
Ihr könnt euch dazu etwas Eigenes ausdenken oder
- eine der Wortketten aus Aufgabe 2 (S. 22) nutzen,
- Bens Geschichte aus Aufgabe 3 a (S. 22) neu schreiben,
- einen Erzählanfang aus Aufgabe 4 a (S. 23) auswählen und weiterschreiben.

So kannst du beim Geschichtenerfinden vorgehen
1. Überlege, warum und für wen du deine Geschichte schreiben möchtest.
2. Sammle Schreibideen und Themen. Du kannst dich darüber auch mit deinen Mitschülerinnen/Mitschülern austauschen.
3. Wenn du dich für ein Thema entschieden hast, plane den Inhalt deiner Geschichte genauer.
   - Wie beginnt die Geschichte? *(Wer? Was? Wo? Wann? Warum?)*
   - Was geschieht in der Geschichte in welcher Reihenfolge? *(Wer? Mit wem? Was? Wo? Wann? Warum? Wie? Mit welchen Folgen?)*
4. Schreibe einen Entwurf deiner Geschichte.
5. Überarbeite deinen Entwurf gründlich.
6. Schreibe die Endfassung.

→ S. 27 Einen Text überarbeiten

Einen Text überarbeiten

1 Zu den Berliner Märchentagen wurden Kinder aufgerufen, Geschichten zu schreiben. Sie sollten erzählen, was sie anstellen würden, wenn sie wie Pippi Langstrumpf tun und lassen könnten, was sie wollen. Die folgende Geschichte hat Jonathan aus der 5. Klasse geschrieben.

a Lies Jonathans Text.

Villa Gartenbunt

Alles fing damit an, dass meine Eltern die Ferien dringend im Garten verbringen wollten. Ferien im Garten, ohne Freunde, und nicht einmal ein See in der Nähe! Etwas Langweiligeres kann man sich wirklich nicht vorstellen.

Dann kam es aber ganz anders: Meine Mutter musste eine kranke Kollegin vertreten und der Urlaub sollte ganz ausfallen.

Dann konnte ich zum Glück meine Eltern überreden, mich wenigstens mit Freunden alleine in den Garten fahren zu lassen.

Als wir dann angekommen waren, packten wir zuerst unsere Sachen aus und überlegten, was wir machen könnten. Dann hörten wir ein Rascheln. Wir sahen uns um. Dann fragte jemand: »Kennt ihr das Spiel Sachensucher?« Wer war das? Das kann doch nur Pippi Langstrumpf sein, die das Spiel erfunden hat. Sofort wollten wir mitspielen. Und schon ging's los. Wir gingen durch den Garten, durch das Haus und übers Dach und suchten Sachen. Die meisten Sachen fand natürlich Pippi. Aber nach und nach konnte auch ich einige Sachen einsammeln. Ich hatte einen Tannenzapfen gefunden und einen Stein, außerdem eine Flasche und eine Feder gefunden. Den schönste Sache hatte aber Hugo gefunden, einen Topf. Pippi sagte: »Das ist gut, jetzt können wir süssen Brei kochen.« Und tatsächlich, wie im Märchen gehorchte der Topf aufs Wort und kochte für uns, was wir wollten.

Am nächsten Tag wollten wir aber lieber baden, weil es ziemlich heiß war. »Kein Problem«, sagte Pippi. »Ich habe Schaufeln mitgebracht, wir Bauen uns einen Badeteich.« Wir schaufeln los und es dauerte gar nicht lange, bis wir schwimmen konnten.

Am nächsten Tag war uns etwas langweilig, da fiel Pippi ein, das Haus bunt zu streichen. Und am nächsten Tag spielten wir Wörtererfinder. Außerdem ritten wir noch ins Dorf und kauften jede Menge Süßigkeiten und Cola.

Es waren die schönsten Ferien, die ich je hatte. Kein Geschimpfe und Gemecker! Den ganzen Tag nur spielen, baden und essen. Und niemand sagte uns, wann wir ins Bett müssen.
Als am Wochenende die Eltern kamen, um uns abzuholen, waren sie ganz erstaunt, wie sich das Haus und der Garten verändert hatten. Sie fanden es aber toll und waren froh, dass wir jetzt einen Badeteich hatten.

b Überlege, was dir an dem Text gut, weniger gut oder gar nicht gefällt.

Über die Aufgabe nachdenken

c Lies die Schreibaufgabe noch einmal und denke darüber nach, ob Jonathan sie erfüllt hat. Begründe deine Meinung.

2 Überarbeite Jonathans Erzählung jetzt schrittweise. Die folgenden Aufgaben helfen dir dabei.

TIPP
Nutze am besten eine Kopie des Textes. Wenn du im Buch arbeiten möchtest, lege eine Folie auf.

1. Lies zuerst die Geschichte noch einmal und kennzeichne alles, was deiner Meinung nach geändert werden sollte.

Benutze immer die gleichen **Korrekturzeichen**:

I	Inhalt prüfen
V	etwas fehlt
W	unpassende Wortwahl
WW	unpassende Wortwiederholung
S	Satzbau überarbeiten
Z	falsche Zeitform
|	Rechtschreib- und Zeichensetzungsfehler

Den Inhalt überarbeiten

2. Prüfe die Überschrift. Ist sie gut gewählt? Notiere einige Überschriften, die auch geeignet wären.

3. Sieh dir die Einleitung genauer an. Würdest du die Einleitung ändern oder ergänzen? Wenn ja, schreibe deinen Vorschlag auf.

TIPP
Überlege, was du Jonathan gern fragen möchtest.

4. Überlege, an welchen Stellen Jonathan ausführlicher und anschaulicher erzählen müsste, damit die Leserinnen/Leser alles verstehen.

   Mit Freunden allein im Garten – haben die Eltern das sofort erlaubt? …

5. Lies den Schluss der Geschichte gründlich.
   Kannst du dir ein anderes Ende vorstellen?
   Notiere deinen Vorschlag.

Die Wortwahl überprüfen

6. Lies den Text laut und achte dabei besonders auf die Wortwiederholungen.
   Unterbreite Vorschläge, welche Wörter Jonathan ersetzen oder weglassen sollte. Begründe deine Meinung.

TIPP
Nutze dazu Wortfelder.
→ S. 157

7. Probiere aus, an welchen Stellen die Geschichte durch anschauliche Verben lebendiger gestaltet werden könnte.

   Wir gingen durch den Garten, …
   → laufen, rennen, toben, huschen, hüpfen, stöbern, tanzen, spazieren, hasten
   Pippi sagte: „Das ist gut …"
   → …

TIPP
Jonathan hat zwei Verben in der falschen Zeitform verwendet.

8. Überprüfe die verwendeten Zeitformen und korrigiere sie, wenn nötig.

9. Probiere aus, an welchen Stellen die Geschichte durch anschauliche Adjektive lebendiger gestaltet werden kann.
   Du kannst z. B. die folgenden Adjektive in den Text einfügen.

   leise – grün – alt – schön – schwarz – rostig – kunterbunt

   Dann hörten wir ein leises Rascheln.

Den Satzbau kontrollieren
→ S. 128

10. Lies jetzt jeden Satz einzeln und prüfe, ob er vollständig und verständlich ist.
    Achte dabei auch auf die Satzschlusszeichen und die Kommasetzung.

TIPP
Vermeide zu viele gleiche Satzanfänge.

11. Lies den gesamten Text halblaut und überlege, welche Sätze besser miteinander verbunden werden könnten. Dazu kannst du einige der folgenden Satzanfänge nutzen:

Schließlich ... Manchmal ...	Endlich ... Nachdem ...	Zuletzt ... Bevor ...	Immerhin ... Außerdem ...	Plötzlich ... Vor allem ...

Plötzlich hörten wir ein leises Rascheln.

12. In den folgenden Beispielen kannst du die Satzverbindungen durch Weglassen und Umstellen von Wörtern verbessern. Schreibe die veränderten Sätze auf.

Dann fragte jemand: »Kennt ihr das Spiel Sachensucher?«
→ *Jemand ...*
Dann konnte ich zum Glück meine Eltern überreden, ... → *Zum ...*
Wir gingen durch den Garten, durch das Haus
und übers Dach und suchten Sachen. → ...
Die meisten Sachen fand natürlich Pippi. → ...

Die Rechtschreibung korrigieren

TIPP
Jonathan hat nur zwei Rechtschreibfehler gemacht!

13. Zuletzt kontrolliere die Rechtschreibung. Konzentriere dich auf die Schreibung der Wörter. Markiere oder notiere die Wörter, bei denen du unsicher bist, und schlage sie in einem Wörterbuch nach.

So kannst du beim Überarbeiten eines Textes vorgehen

1. Nach dem Schreiben des Entwurfs lege eine Pause ein, am besten eine längere.
2. Bevor du mit dem Überarbeiten beginnst, bedenke noch einmal, welche Anforderung dein Text erfüllen soll. Frage dich, *für wen*, *warum* und *was* du schreiben wolltest oder solltest.
3. Lies dann deinen Textentwurf wie ein Fremder, am besten halblaut. Frage dich zunächst nur: Ist die Schreibidee gut? Wie liest sich der Text?
4. Überarbeite deinen Entwurf anschließend Schritt für Schritt:
   - Überarbeite den Inhalt.
   - Überprüfe die Wortwahl.
   - Kontrolliere den Satzbau.
   - Korrigiere die Rechtschreibung.
5. Schreibe die Endfassung.

Beschreiben

Einen Gegenstand beschreiben

TIPP
Achte darauf, dass du das Gesuchte immer als »Teekessel« bezeichnest.

1 Kennst du das Teekesselspiel? Suche Nomen, die zwei unterschiedliche Bedeutungen haben, und beschreibe diese.

Mein Teekessel ist ein Sportgerät.
Mein Teekessel ist eine große Tanzveranstaltung. (Ball)

2

a Bei welcher Gelegenheit wurde dir etwas beschrieben?

b Hast du schon einmal jemandem einen Gegenstand beschrieben? Was musst du dabei beachten?

!

Beim **Beschreiben eines Gegenstandes** informierst du andere über etwas, was sie nicht kennen oder was sie nach deinen Angaben erkennen sollen. Welche Merkmale für die Beschreibung besonders wichtig sind, hängt davon ab, für wen und warum du den Gegenstand beschreibst.
Beschreibe allgemeine und besondere Merkmale eines Gegenstandes.
Allgemeine Merkmale sind Merkmale, die Gegenstände der gleichen Art gemeinsam haben, z. B.: *Alle Fahrräder haben Räder.*
Besondere Merkmale treffen nur auf einzelne Gegenstände zu (Größe, Form, Material, Farbe, Besonderheiten), z. B.: *Mein Fahrrad hat gelbe Reifen.*

3 Lies das folgende Gespräch. Was hätte Michelle gleich tun müssen?

Michelle: Ach, du Schreck, meine Federtasche ist weg! Und darin war mein guter Füller, den ich zum Geburtstag bekommen habe.
Patricia: Geh zum Hausmeister.
Michelle: Herr Neuhaus, meine Federtasche ist weg. Ist sie bei Ihnen abgegeben worden?
Hausmeister: Nun, was hättest du denn gern für eine? Ich habe eine gelbe, eine schwarze, eine rechteckige, eine längliche, eine …

Den Inhalt planen

4 Trage alle Merkmale zusammen, die notwendig sind, um Michelles Federtasche genau zu beschreiben.

a Übertrage die folgende Tabelle in dein Heft und ergänze sie.

allgemeine Merkmale	besondere Merkmale
…	Größe: … …

b Lege die Reihenfolge der Beschreibung fest.

5 Nimm aus deiner Federtasche einen Füller. Beschreibe ihn so genau, dass er unter vielen anderen leicht zu erkennen ist.

a Notiere zuerst die allgemeinen und besonderen Merkmale des Füllers und überlege, welche Merkmale für deine Beschreibung wichtig sind.

Einen Entwurf schreiben

b Schreibe einen Textentwurf.

c Ein Schüler sammelt wahllos drei Füller ein. Die Besitzer lesen ihre Beschreibung vor. Wer von ihnen hat am besten beschrieben? Begründe, warum du diese Beschreibung für gelungen hältst.

Den Textentwurf überarbeiten
→ S. 27

d Überarbeite deinen Entwurf und achte dabei besonders auf eine treffende Wortwahl. Schreibe die korrigierte Fassung in dein Heft.

→ S. 56 Texte verfassen

So kannst du eine Beschreibung verfassen
1. Bedenke die Schreibaufgabe.
2. Ordne allgemeine und besondere Merkmale des Gegenstandes. Beschreibe Größe, Form, Material, Farbe und Besonderheiten.
3. Schreibe einen Entwurf. Lass einen breiten Rand zum Korrigieren.
4. Überarbeite den Entwurf.
5. Schreibe die Endfassung.

6 Du hast trotz Belehrung deine Uhr vor dem Sportunterricht im Umkleideraum gelassen. Nun ist sie weg. Verfasse eine genaue Beschreibung für deinen Sportlehrer.

Ein Tier beschreiben

1 Nico hat einen Hund, aber vor Kurzem ist Cäsar weggelaufen. Der Junge ist traurig. Er bittet seine Schulfreunde, ihm beim Suchen zu helfen.

Eine Tierbeschreibung untersuchen

a Lies Nicos Beschreibung.

Cäsar ist 5 Jahre alt. Er ist mittelgroß, stämmig gebaut und hat kurzes Haar, welches hellbraun und ganz pflegeleicht ist. An der Brust hat er einen weißen Fleck, es sieht aus wie ein Lätzchen. Seine Pfoten sind ebenfalls weiß. Die Ohren hat er meist spitz nach oben gerichtet. Wenn er bei mir im Kinderzimmer ist, dann stupst er mich so lange mit seiner Nase an, bis ich mit ihm spiele. Ich verstecke einen Ball oder einen anderen Gegenstand und sage: »Such, Cäsar, such!« Cäsar findet immer das Spielzeug. Sein Gesicht ist ganz faltenreich, der Unterkiefer steht leicht nach vorn.

Manchmal sieht mein Cäsar ganz grimmig aus, aber er ist ein freundlicher Hund, der sich auch mit Kindern gut versteht. Nur ärgern oder reizen darf man ihn nicht.

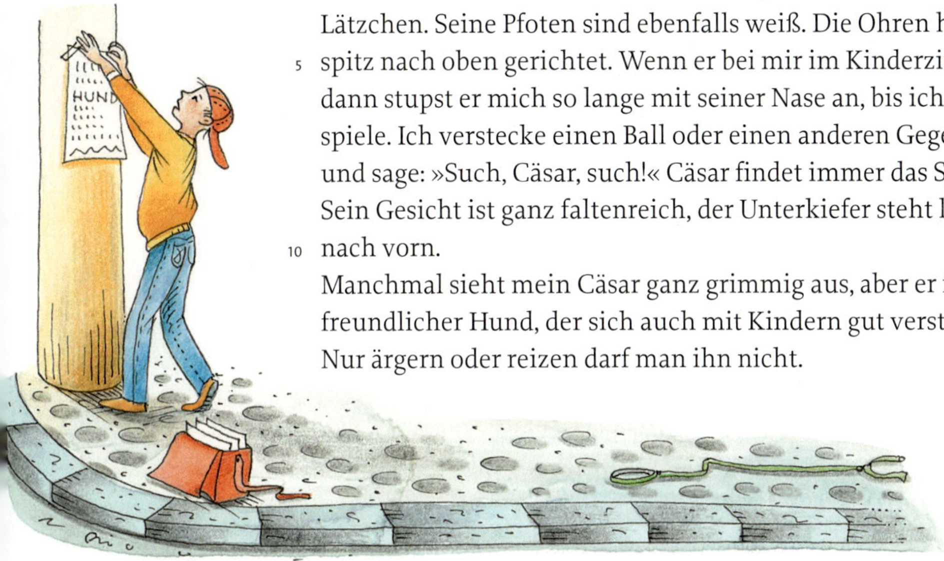

TIPP
Merkmale dieser Hunderasse findest du in der Beschreibung.

b Zu welcher Hunderasse gehört Cäsar?

c Nico will in seinem Wohngebiet eine Suchanzeige aushängen. Welche Informationen müssen deiner Meinung nach zu Nicos Beschreibung hinzugefügt werden, welche könnte er weglassen? Begründe deine Auffassung.

!

Beim **Beschreiben eines Tieres** können Informationen zum Aussehen, zum Verhalten, zur Lebensweise, zum Lebensraum, zur Ernährung und zu besonderen Fähigkeiten wichtig sein. Welche Angaben notwendig sind, hängt davon ab, zu welchem Zweck du das Tier beschreibst.
Verben, Adjektive und Vergleiche helfen beim genauen und anschaulichen Beschreiben.

2 Patricia war mit ihrer Oma im Tierheim. Diese drei Hunde haben ihr besonders gut gefallen, aber nur einen darf sie mit nach Hause nehmen.

Eine Tierbeschreibung planen

a Wähle einen dieser Hunde aus. Stelle allgemeine und besondere Merkmale für seine Beschreibung zusammen.

b Entscheide, welche Merkmale zur Beschreibung des Hundes genannt werden sollen, und bestimme ihre Reihenfolge.

→ S. 157 Wortbedeutung

c Stelle Wortfelder zusammen. Achte darauf, dass die Wörter zur Beschreibung eines Hundes genutzt werden können.

sich bemerkbar machen – knurren, …
sich bewegen – …
…

! Ein **Wortfeld** umfasst Wörter mit gleicher oder ähnlicher Bedeutung, z. B.:
sich bemerkbar machen – knurren, bellen, jaulen, kläffen.

Eine Tierbeschreibung verfassen

d Beschreibe den Hund deinen Eltern, denn du möchtest ihn unbedingt aus dem Tierheim holen. Schreibe zuerst einen Entwurf und überarbeite ihn gründlich.

Einen Weg beschreiben

1 Nicole möchte mit Sandy ins Schauspielhaus gehen. Da Sandy noch nicht lange in Chemnitz wohnt, kennt sie den Weg dorthin nicht.

a Lies Nicoles Wegbeschreibung.

An: sandy.frisch@schülerfirma.de

Betreff: Wegbeschreibung

Hi, Sandy,
ich schicke dir schnell noch die Wegbeschreibung, damit nichts schiefgeht. Du stehst vor der alten Post und wendest dich nach links. Gehe den Fußweg so lange geradeaus, bis du an die Zschopauer Straße kommst. Dort biegst du rechts ein. Nach ca. 100 Metern siehst du rechts die Moritzstraße. Du gehst weiter geradeaus, bis du an die Kreuzung Annenstraße / Park der Opfer des Faschismus gelangst. Überquere nun die Zschopauer Straße. Du stehst direkt vor dem Park der Opfer des Faschismus. Gehe den Weg entlang. Nach ca. 200 Metern siehst du einen Pfad, der nach rechts führt. Diesen Pfad gehst du entlang und nach wenigen Metern stehst du schon vor dem Schauspielhaus. Stadtplan hängt dran.
Ich freue mich schon riesig. Gruß, Nicole

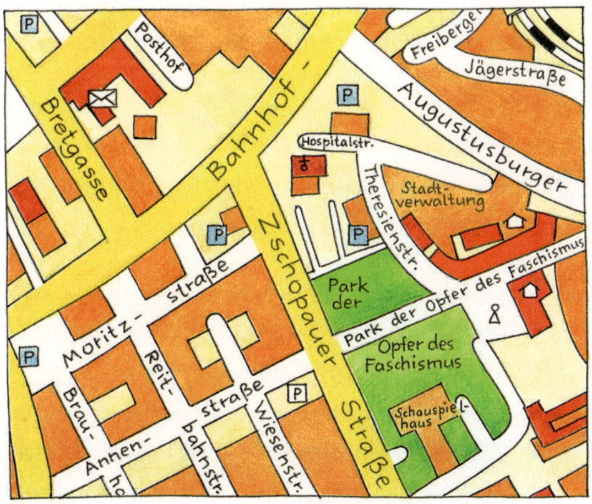

Eine Weg-beschreibung untersuchen

b Sieh dir den Plan genau an. Wird Sandy den Weg problemlos finden?

!

In einer **Wegbeschreibung** musst du Straßennamen, Richtungen und Entfernungen in der richtigen Reihenfolge angeben.
Besonderheiten an der Strecke, z. B. auffällige Gebäude, dienen als Orientierungspunkte.
Formuliere kurze Aufforderungssätze und füge als Hilfe einen Stadtplan oder eine Skizze bei.

c Schreibe alle Wörter und Wortgruppen aus der Wegbeschreibung in Aufgabe a heraus, die eine Richtung oder Ortsangabe beinhalten.

→ S. 157 Wortbedeutung

2 Bilde Wortfelder zu den folgenden Verben.

gehen – laufen, abbiegen, … *sehen – …*
fahren – …

Eine Wegbeschreibung verfassen

TIPP
Überprüfe besonders, ob deine Angaben in der richtigen Reihenfolge angeordnet sind.

3 Suche dir auf der Karte (S. 35, Aufgabe 1 a) einen Startpunkt und ein Ziel, ohne sie den anderen zu nennen. Beschreibe den Weg. Gehe dabei so vor:
- Überlege dir zuerst, worauf du besonders achten musst.
- Schreibe einen Entwurf und überarbeite ihn.

4 Dein neuer Freund aus dem Sportverein will dich und deinen Heimatort näher kennen lernen. Beschreibe ihm deinen Schulweg oder den Weg zu einem Museum, zum Kino oder zum Fußballplatz.

Was habe ich gelernt?

5 Überprüfe, was du über das Beschreiben gelernt hast. Beantworte dazu die folgenden Fragen.

1. Was musst du beachten, wenn du einen Gegenstand beschreibst?
2. Welche Merkmale sind bei einer Tierbeschreibung wichtig und wovon hängt das ab?
3. Was solltest du bei einer Wegbeschreibung beachten?
4. Was ist dir in diesem Kapitel schwergefallen?
5. Welche der Beschreibungen (Gegenstand, Tier, Weg) fallen dir leicht?

Berichten

1

a Lies den folgenden Zeitungsartikel.

Am Montag, dem 07.01.20.., wurde ein 10-jähriger Junge bei einem Unfall verletzt. Der Schüler überquerte gegen 14:00 Uhr vor einem parkenden Auto in der Höhe der Annenschule die Brauhausstraße. Er beachtete das von links kommende Fahrzeug nicht, sodass es zu einem Zusammenstoß kam. Das Kind wurde zur Behandlung in das städtische Krankenhaus gebracht.

Einen Bericht untersuchen

b Beantworte die folgenden Fragen.

1 Wer hat den Artikel geschrieben?
2 Warum hat der Verfasser ihn geschrieben?
3 An wen ist dieser Zeitungsbericht gerichtet?

c Fasse zusammen, worüber du in diesem Text informiert wirst.

d Suche eine passende Überschrift für den Artikel.

! Ein **Bericht** soll Leser oder Hörer möglichst knapp, sachlich und in der richtigen Reihenfolge über ein Ereignis informieren.
Die Auswahl der Informationen hängt vom Zweck, vom Anlass und vom Empfänger ab.
In den meisten Berichten werden folgende ***W*-Fragen** beantwortet:

- **Was** geschah?
- **Wann** geschah es?
- **Wo** geschah es?
- **Wer** war beteiligt?
- **Warum** geschah es?
- **Welche Folgen** ergaben sich?

2 Stelle dir vor, du hast einen Unfall deines Mitschülers Max auf dem Schulhof beobachtet.
Dein Klassenlehrer, der eine Unfallanzeige schreiben muss, braucht deine Hilfe.

Über die Aufgabe nachdenken

a Bedenke zuerst genau, wem und zu welchem Zweck du berichten sollst.

b Überlege danach, wie du dich auf diesen Bericht vorbereiten könntest.
Tausche dich mit den anderen aus.

Den Inhalt planen

c Lies die folgenden Notizen.

– Ich war so empört über Pauls Verhalten.
– Das Knie wurde dick.
– Ich brachte Max zur Sekretärin.
– Max fiel auf das rechte Knie.
– Es geschah gegen 11:45 Uhr.
– Max weinte sehr, das tat mir so leid.
– Paul stellte Max ein Bein.
– Paul lief einfach weg.
– Nora und Justin halfen Max beim Aufstehen.
– Wir rannten um die Wette.

d Entscheide, welche der Informationen für den Bericht wichtig sind.
Schreibe sie stichpunktartig in einer sinnvollen Reihenfolge auf.
Beachte dabei die *W*-Fragen.

e Kontrolliert eure Stichpunkte noch einmal.
Überprüft mithilfe der *W*-Fragen, ob alle wichtigen Informationen enthalten sind und ob die Reihenfolge sinnvoll ist.

Den Inhalt gestalten

f Erprobt eure mündlichen Berichte.
Hört euch gegenseitig genau zu und gebt Hinweise, was noch verbessert werden könnte.

g Berichte jetzt mündlich vor der Klasse.

3 Passiert einer Schülerin / einem Schüler in der Schule oder auf dem Weg ein Unfall, dann muss die Schule eine Unfallanzeige aufgeben.

Über die Aufgabe nachdenken

a Sieh dir das Formular einer Unfallanzeige an.

Unfallanzeige für Kinder in Kindergärten, Schüler, Studierende

Name und Anschrift der Einrichtung (Kindergarten, Schule, Hochschule):

Familienname und Vorname des Verletzten: geb. am: . . Geschlecht:

Anschrift des Verletzten (PLZ, Wohnort, Straße): Staatsangehörigkeit:

Name und Anschrift des gesetzlichen Vertreters:

Krankenkasse des Verletzten: pflicht- ☐ freiwillig- ☐ familien- ☐ privatversichert ☐

Wochentag Datum . . Jahr Uhrzeit des Unfalls : Uhr

Verletzte Körperteile:

Art der Verletzungen:

Zuerst behandelnder Arzt: Jetzt behandelnder Arzt:

Krankenhaus, in das der Verletzte aufgenommen wurde:

Unfallstelle (bei Wegeunfällen genaue Ortsangabe):

Unfallhergang:

Zeugen des Unfalls:

Hat der Verletzte wegen des Unfalls den Besuch der o.a. Einrichtung unterbrochen?

Wenn ja, seit wann? bis wann?

(Ort, Datum)

Kenntnis genommen

(Sicherheitsbeauftragter) (Leiter der Einrichtung)

Den Inhalt planen

b Überlege, welche Angaben du sofort zum Unfall von Max machen kannst und welche dir fehlen.

4

Berichte untersuchen

a Lies die beiden folgenden Berichte.

Am 30.01.20.. ereignete sich gegen 11:45 Uhr auf dem Schulhof der Annenschule ein Unfall, bei dem ein Schüler verletzt wurde. Paul M. stellte Max K. ein Bein, sodass dieser hinfiel. Max K. verletzte sich am Knie, welches gleich dick wurde. Seine beiden Mitschüler, Nora S. und Justin L., die den Unfall beobachteten, brachten Max in das Sekretariat der Schule, wo die Erstversorgung vorgenommen wurde.

Also, es war in der großen Hofpause. Wir standen an der Bank und haben uns unterhalten. Max, Paul und zwei andere Jungen sind über den Schulhof gerannt. Plötzlich hat Paul Max ein Bein gestellt. Max fiel hin und schrie laut auf. Mir hat das so leidgetan. Paul ist einfach davongerannt. Das war gemein! Meine Freunde und ich haben Max beim Aufstehen geholfen und ihn ins Sekretariat gebracht. Unsere Schulsekretärin hat das Knie verbunden und die Mutti von Max angerufen.

b Überlege, wer wem zu welchem Zweck berichtet haben könnte.

c Sieh dir die beiden Texte noch einmal genau an.
Untersuche, wodurch sie sich unterscheiden.

! **Schriftliche Berichte** werden meist im Präteritum verfasst.
In **mündlichen Berichten** kannst du das Präteritum oder das Perfekt verwenden.

→ S.56 Texte verfassen

5 Damit alle auf dem Schulhof aufmerksamer sind, sollten auch die anderen Schülerinnen/Schüler über den Unfall informiert werden. Verfasse dafür einen schriftlichen Bericht für die Schulwandzeitung.

Über die Aufgabe nachdenken

a Überlege, für wen und zu welchem Zweck der Bericht geschrieben werden soll.

Den Inhalt planen

b Überprüfe deine Stichpunkte aus Aufgabe 2 d (S.38) und ergänze sie bei Bedarf.

Einen Entwurf schreiben

c Entwirf deinen Bericht für die Schulwandzeitung.
Lass auf deinem Blatt einen breiten Rand frei für Korrekturen.

Den Textentwurf überarbeiten
→ S.27

d Überarbeite deinen Textentwurf. Achte dabei besonders auf die Verwendung der richtigen Zeitform (Präteritum). Vermeide Wortwiederholungen, besonders am Satzanfang.

Die Endfassung schreiben

e Schreibe die Endfassung. Überlege, wie du den Text für die Wandzeitung gestalten sollst, damit möglichst viele darauf aufmerksam werden.

6 Die Klasse 5 a führte eine Wanderung durch. Ziel war ein beliebtes Naherholungsgebiet bei Chemnitz – der Totenstein. Es ist die höchste Erhebung des Rabensteiner Waldes. Vom 30 m hohen Turm hat man bei schönem und ganz klarem Wetter eine herrliche Aussicht bis nach Leipzig, Zwickau oder Gera.

a Die Schüler hatten den Auftrag, über diesen Tag einen Bericht für die Schülerzeitung zu schreiben.
Lies die entstandenen Texte.

Totensteinturm

Vor langer Zeit gab es eine Klasse, die wandern wollte. Es war damals Herbst. Sie wollte den Totenstein besuchen. Um 9:00 Uhr trafen sich die Schüler am Bahnhof, um mit dem Zug nach Grüna zu fahren. Dort angekommen, liefen sie durch den Wald und sangen fröhlich ein Lied. Plötzlich waren Schüler weg. Der Lehrer rief: »Wo seid ihr?« »Wir sitzen in der Hütte.« Als die Jungen wieder da waren, sind wir zu einem Turm gelaufen und hochgegangen. Das war ganz schön gefährlich, weil der Turm so wackelte ...

Adrian

Die Klasse 5 a traf sich am 20. 11. 20.., 9:15 Uhr, an der Schule. Gemeinsam gingen wir zum Bahnhof. Der Zug nach Grüna fuhr 9:58 Uhr. Nach ca. 15 Minuten Fahrt kamen wir in Grüna an und wanderten durch den Rabensteiner Wald. Wir besichtigten zwei Schanzen, machten an einer kleinen Hütte Rast und tollten bei einer Schneeballschlacht herum. Dann gingen wir zum Totenstein. Das ist die höchste Erhebung im Rabensteiner Wald. Beim Totenstein befindet sich auch ein 30 m hoher Turm, den wir hochklettern durften. Ein bisschen Angst hatte ich schon, weil es so wackelte. Anschließend konnten wir in der Gaststätte noch etwas essen oder trinken. Der Wirt war nur wegen uns da ... Schließlich fuhren wir nach Chemnitz zurück. Es war ein schöner und erlebnisreicher Tag.

Nico

Wir, die Schüler der Klasse 5 a, wanderten am 20. 11. 20.. zum Totenstein bei Chemnitz. Das ist ein sehr beliebtes Naherholungsziel. Wir trafen uns 9:15 Uhr an der Schule und liefen zum Hauptbahnhof. Der Zug fuhr 9:58 Uhr nach Grüna. Dann liefen wir durch den Rabensteiner Wald und sahen uns zwei Schanzen an. Danach haben wir eine Schneeballschlacht gemacht. Dann sind wir auf den Totensteinturm hoch. Er ist 30 m hoch. Danach sind wir wieder alle runter und in eine Gaststätte gegangen. Der Wirt war nur wegen uns da. Und dann sind wir wieder nach Chemnitz gefahren.

Olivia

b Untersuche, wodurch sich die Texte unterscheiden.

c Stelle dir vor, du bist Redakteur der Schülerzeitung. Wähle einen Beitrag für eure Zeitung aus und begründe deine Entscheidung.

7 Vergleiche eine Erzählung mit einem Bericht.

a Übertrage die Tabelle in dein Heft und setze die Kreuze an der richtigen Stelle.

Merkmale	Erzählung	Bericht
Der Text ist im Präteritum geschrieben.		
Der Text enthält wörtliche Rede.		
Der Text ist sachlich.		
Der Text ist im Perfekt geschrieben.		
Der Text ist sehr anschaulich.		
Der Text enthält nur wichtige Informationen.		

b Vergleiche nun die Schülertexte (S. 41, Aufgabe 6 a) mit deiner Tabelle. Bestimme, welcher Text eine Erzählung und welcher ein Bericht ist. Begründe deine Entscheidung.

→ **S. 27** Einen Text überarbeiten

TIPP
Beachte, für wen und warum du berichtest.

c Olivias Bericht muss überarbeitet werden. Kontrolliere den Satzbau und schreibe den veränderten Text in dein Heft. Achte besonders auf Wortwiederholungen.

d Schreibe jetzt die Erzählung in einen Bericht um. Verfasse zuerst einen Entwurf und überarbeite ihn anschließend.

Präsentieren

Einen Vortrag vorbereiten

1 Im Rahmen eines Schüleraustauschs wird eine Gruppe ausländischer Schüler eure Schule besuchen. Ihr wollt mit ihnen auch nach Dresden fahren. Deshalb wurdest du gebeten, den Gästen die sächsische Landeshauptstadt vorzustellen.
Bereite einen Vortrag zum Thema »Dresden – ein Besuch lohnt sich« vor.

Informationen sammeln und ordnen

• Fragen notieren

a Schreibe Fragen auf, die dir beim Lesen des Themas sofort einfallen.

Wo liegt Dresden? — **Dresden** — *Wann wurde es gegründet?*
… — …

b Tauscht euch aus und ergänzt eure Fragen.

• Stichpunkte machen

c Beantworte die Fragen in Stichpunkten. Schreibe auf Karteikarten und lass dabei die erste Zeile frei.

Wo liegt Dresden?
– im Südosten Deutschlands
– im Bundesland Sachsen
– am Fluss Elbe
– …

• Informationen ordnen

d Suche einen passenden Oberbegriff für jede Karteikarte und schreibe ihn auf.

→ S.157 Ober- und Unterbegriffe

Lage
Wo liegt Dresden?
– im Südosten Deutschlands
– im Bundesland Sachsen
– am Fluss Elbe
– Nachbarbundesländer: Bayern, ...
– Nachbarstaaten: ...

2 Erich Kästner (1899–1974), der in Dresden seine Kindheit verbrachte, hat das Buch »Als ich ein kleiner Junge war« geschrieben.

a Lies den folgenden Textausschnitt.

Dresden war eine wunderbare Stadt, voller Kunst und Geschichte und trotzdem kein von sechshundertfünfzigtausend Dresdnern zufällig bewohntes Museum. [...]
Wenn es zutreffen sollte, dass ich nicht nur weiß, was schlimm und hässlich, sondern auch, was schön ist, so verdanke ich diese Gabe dem Glück, in Dresden aufgewachsen zu sein. Ich musste, was schön sei, nicht erst aus Büchern lernen. Nicht in der Schule, und nicht auf der Universität. Ich durfte die Schönheit einatmen wie Försterkinder die Waldluft. Die katholische Hofkirche, George Bährs Frauenkirche, der Zwinger, das Pillnitzer Schloss, das Japanische Palais [...] und gar, von der Loschwitzhöhe aus, der Blick auf die Silhouette der Stadt mit ihren edlen ehrwürdigen Türmen.

b Suche aus dem Text weitere Informationen über Dresden heraus und ergänze sie auf deinen Karteikarten.

Sehenswürdigkeiten
Was ist sehenswert?
– Frauenkirche
– katholische Hofkirche
– ...

→ S. 72 Informationen sammeln

→ S. 78 Sachtexte erschließen

c Suche in Nachschlagewerken, z. B. im Lexikon oder in einem Stadtführer, und im Internet nach den im Text genannten Bauwerken. Schreibe ergänzende Fakten, z. B. ihre Entstehungszeit, auf die Karteikarten.

Den Vortrag gliedern

3 Überlege, wie du deinen Vortrag über Dresden gliedern könntest, und ordne die Karteikarten sinnvoll.

TIPP
Nenne die allgemeinen Informationen zuerst.

Lage
Sehenswürdigkeiten
...

4 Die Einleitung deiner Präsentation solltest du ausformulieren.

Eine Einleitung entwerfen

a Lies die folgende Einleitung und überlege, was geändert werden müsste. Begründe deine Meinung.

Also, ich möchte etwas über Dresden erzählen und hoffe, dass ihr neugierig seid. Also, es geht los ...

b Lies die folgende Einleitung. Wie gefällt sie dir? Begründe deine Meinung.

Sehr verehrtes Publikum,
ich freue mich, heute vor Ihnen einen Vortrag halten zu dürfen über die wunderschöne Stadt Dresden. Außerdem hoffe ich, dass Sie auch eine Stadtführung geplant haben, damit Sie sich von dem, was Sie hören, ein Bild machen können. Gute Unterhaltung wünsche ich Ihnen schon jetzt und würde mich sehr freuen, wenn Sie mir auch Fragen zum Thema stellen würden. Zunächst werde ich Ihnen die Gliederung meines Vortrags nennen, die Sie auf Folie auch mitlesen können ...

c Schreibe nun für deinen Vortrag über Dresden eine passende Einleitung. Denke daran, wer deine Zuhörer sind, danach richtet sich auch deine Anrede.

d Überlege, wie die Einleitung beginnen müsste, wenn du einen Vortrag vor Eltern halten sollst. Schreibe sie in dein Heft.

Einen Schluss entwerfen

5 Auch der Schluss des Vortrags sollte ausgearbeitet sein.

a Lies das folgende Beispiel. Was ist dem Schüler gut gelungen? Begründe.

Ich bedanke mich herzlich für eure Aufmerksamkeit und bitte nun um eure Fragen zu meinem Vortrag.

b Schreibe einen Schluss für deinen Vortrag über Dresden vor den Gastschülern.

c Überlege, wie dein Schluss lauten würde, wenn du den Vortrag vor Eltern halten müsstest. Begründe deine Meinung.

So kannst du einen Vortrag vorbereiten

1. Schreibe Fragen auf, die dir zu dem Thema einfallen. Notiere erste Ideen zur Beantwortung in Stichpunkten.
2. Suche z. B. in Bibliotheken oder im Internet Texte, die dir Informationen über das Thema geben.
3. Ordne die gefundenen Informationen Oberbegriffen zu und schreibe sie stichwortartig auf Karteikarten.
4. Ordne die Karteikarten in einer logischen Reihenfolge.
5. Formuliere Einleitung und Schluss in knappen Sätzen.
   - Nenne in der Einleitung das Thema und wecke bei den Zuhörern Interesse dafür.
   - Fasse am Schluss das Wesentliche kurz zusammen.

6 Kontrolliere nun, ob du an alle Vorbereitungen für einen guten Vortrag gedacht hast.

1 Hast du wichtige und interessante Informationen zusammengetragen?
2 Ist die Gliederung logisch aufgebaut?
3 Sind Stichpunkte zu allen Gliederungspunkten vorhanden?
4 Hast du Einleitung und Schluss ausformuliert?

Einen Vortrag richtig präsentieren

1 Betrachte die beiden Fotos und trage zusammen, worin sich beide Präsentationen unterscheiden.

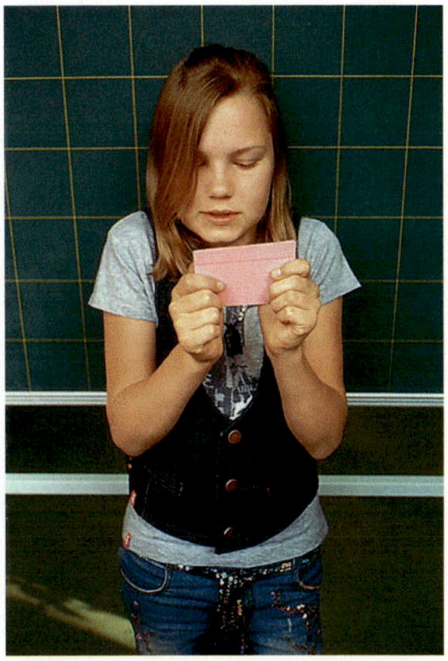

2 Wie könntest du etwas veranschaulichen?

Anschauungsmaterial suchen

a Überlege dir geeignete Hilfsmittel und stelle eine Liste zusammen.

Wandkarte

...

b Sieh deine Karteikarten noch einmal an und überlege, welche Gliederungspunkte du besonders anschaulich gestalten kannst. Notiere dir Hinweise.

Lage
Wo liegt Dresden?
– im Bundesland Sachsen
– im Südosten Deutschlands
– ...
–> auf der Wandkarte zeigen

Den Vortrag üben

3 Übe das freie Sprechen mithilfe deiner Karteikarten zum Thema »Dresden«.

a Lest euch gegenseitig mehrmals laut und deutlich die einzelnen Stichpunkte vor. Gebt euch Tipps, was man verbessern könnte.

b Formuliere deine Stichpunkte zu kurzen, einfachen Sätzen aus und übe, den Vortrag nur mit dem Stichpunktzettel zu halten. Betone Wichtiges.

c Halte den Vortrag zu Hause mehrmals vor dem Spiegel oder vor deinen Eltern, um im freien und deutlichen Sprechen sicher zu werden.

d Nimm beim Üben deinen Vortrag auf. Höre die Aufnahme anschließend an und überlege, was du verbessern könntest.

! Bei einem Vortrag ist auch die Körpersprache wichtig, z. B.:
Mimik: dein Gesichtsausdruck und
Gestik: deine Bewegungen.
Durch Mimik und Gestik kannst du einen Vortrag noch lebendiger gestalten.

4

a Sieh dir die Bilder genau an. Beschreibe, was die Kinder fühlen.

b Tauscht euch darüber aus, was man mit folgender Mimik und Gestik ausdrücken könnte.

1 Du rümpfst die Nase.
2 Du hebst den Zeigefinger.
3 Du zuckst mit den Schultern.

So kannst du einen Vortrag richtig präsentieren

1. Nutze Anschauungsmöglichkeiten, z. B. Folien, Tafelbild, Plakat, Bilder, Kopien, Tabellen, eigene Skizzen.
2. Übe das freie Sprechen mehrmals mithilfe der Karteikarten.
3. Beim Halten des Vortrags solltest du
   - möglichst frei sprechen,
   - langsam, deutlich und betont sprechen,
   - vor allem kurze und einfache Sätze verwenden,
   - das Publikum anschauen,
   - Mimik und Gestik bewusst einsetzen.

5 Übe jetzt deinen vollständigen Vortrag über Dresden. Nutze dazu deine vorbereiteten Stichpunkte und Anschauungsmaterialien.

6 Bevor ihr euch in der Klasse einige Vorträge anhört, besprecht gemeinsam, worauf ihr beim Zuhören besonders achten wollt. Entwerft einen übersichtlichen Bewertungsbogen.

Name des Schülers	
– freies, deutliches Sprechen	
– ...	

→ S. 72 Informationen sammeln

7 Wähle eine andere deutsche Landeshauptstadt aus und stelle sie vor.

Was habe ich gelernt?

8 Überprüfe, was du über das Präsentieren gelernt hast. Beantworte dazu die folgenden Fragen.

1 Warum sollte ich Einleitung und Schluss ausformulieren?
2 Welche Rolle spielt meine Stimme beim Vortragen?
3 Was bedeutet Gestik?
4 Womit erreiche ich einen anschaulichen Vortrag?
5 Wie sollte mein Vortrag gegliedert sein?
6 Wovon hängt die inhaltliche und sprachliche Gestaltung meines Vortrags ab?

Mitteilungen verfassen

Eine Karte schreiben

1 Sicher hast du schon einmal Mitteilungen an andere geschrieben.

a Überlege, an wen du aus welchem Anlass wie geschrieben hast.

b Trage zusammen, zu welchen Gelegenheiten Mails, SMS, Briefe oder Karten geschrieben werden können.

! Es ist wichtig, beim Schreiben bestimmte Regeln einzuhalten. Überlege also genau, **an wen** die Mitteilung gerichtet ist, aus welchem **Anlass** du schreibst und welches **Ziel** du verfolgst. Danach richtet sich:
- ob du mit der Hand oder mit dem Computer schreibst,
- ob du eine SMS verschickst,
- ob du die Person mit *du* oder *Sie* anredest,
- ob du ausführlich und anschaulich oder kurz und sachlich schreibst,
- wie du dich ausdrückst.

2 Lies die beiden folgenden Karten. Worin unterscheiden sie sich?

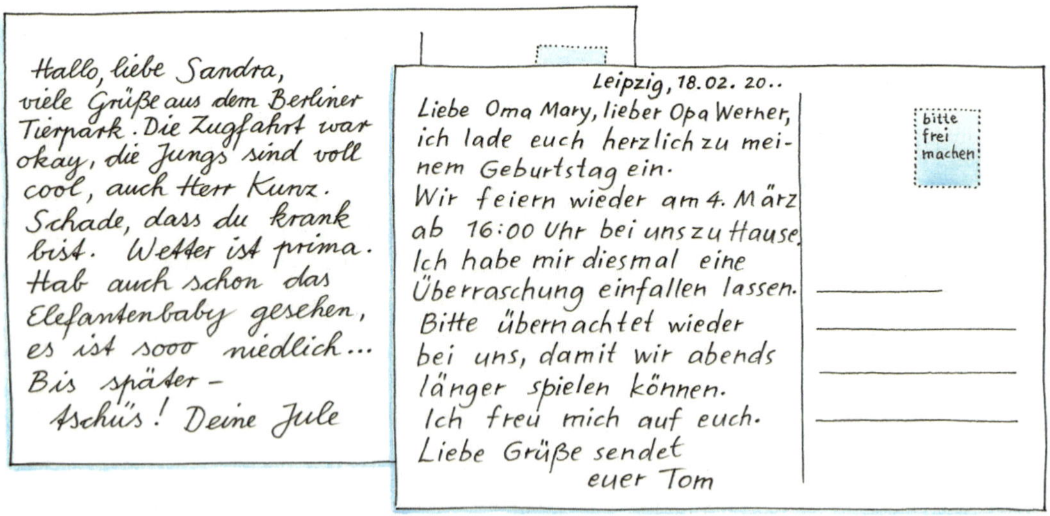

Hallo, liebe Sandra,
viele Grüße aus dem Berliner Tierpark. Die Zugfahrt war okay, die Jungs sind voll cool, auch Herr Kunz. Schade, dass du krank bist. Wetter ist prima. Hab auch schon das Elefantenbaby gesehen, es ist sooo niedlich …
Bis später –
Tschüs! Deine Jule

Leipzig, 18.02. 20..
Liebe Oma Mary, lieber Opa Werner,
ich lade euch herzlich zu meinem Geburtstag ein.
Wir feiern wieder am 4. März ab 16:00 Uhr bei uns zu Hause.
Ich habe mir diesmal eine Überraschung einfallen lassen.
Bitte übernachtet wieder bei uns, damit wir abends länger spielen können.
Ich freu mich auf euch.
Liebe Grüße sendet
euer Tom

bitte frei machen

3

a Lies die folgende Einladung von Karl. Was sollte er verändern? Begründe deine Meinung.

> Hi Jakob!
> Haste Bock auf 'ne Party?
> Wenn ja komm einfach am 4. mal rum!
> Also überleg's dir gut.
> Ich hoffe du kommst.
>
> Tschau! Karl

! Die äußere Form von **Karten**, die du schreibst, sagt etwas über dich aus. Achte deshalb immer auf ein gut lesbares, sauberes Schriftbild. Auch wenn du Karten am Computer verfasst, musst du sie mit der Hand unterschreiben. Bei Freunden und Verwandten genügt der Vorname, sonst unterschreibt man mit Vor- und Familiennamen.

b Überarbeite Karls Einladung, schreibe sie in dein Heft und gestalte sie passend zum Anlass.

→ S. 187 Schreibung der Anredepronomen

! Beim Schreiben von **Karten** musst du Folgendes beachten:

- Rechts oben stehen Ort und Datum.
- Auf der ersten Zeile links oben steht die Anrede. Sie sollte immer zur angesprochenen Person passen, z. B.:
  Liebe(r) ..., Hallo, ...,
  Nach der Anrede steht ein Komma.
- Die Schreibung der Anredewörter ist genau geregelt:
  - Freundschaftliche, familiäre Anredewörter für Menschen, die du persönlich kennst, schreibt man klein: *du, dir, dich, dein; ihr, euer.* (Du kannst sie auch großschreiben: *Du, Dir, Dich, Dein; Ihr, Euer.*)
  - Anredewörter für Personen, die du mit *Sie* ansprichst, schreibt man groß: *Sie, Ihnen, Ihr, Ihre, Ihres, Ihrer, Ihrem, Ihren.*
- Am Schluss einer Karte steht eine passende Grußformel, z. B.:
  Herzliche Grüße / Mit liebem Gruß / Bis bald

TIPP
Beachte, wie viel Platz du auf deiner Karte hast.

4 Schreibe nun eine eigene Einladungskarte. Verfasse zunächst einen Entwurf und überarbeite ihn. Gestalte die Karte anschließend.

5

a Sieh dir den Briefumschlag genau an. Zu welchem der Beispiele in Aufgabe 2 (S. 50) könnte er passen? Begründe deine Meinung.

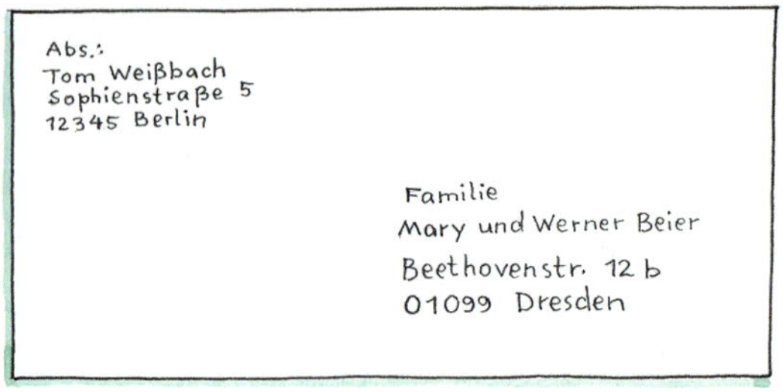

b Erkläre, wann für eine Karte ein Umschlag benötigt wird.

c Beschrifte nun selbst einen Briefumschlag. Trage deine Adresse als Absender ein, für den Empfänger denke dir eine Adresse aus.

Eine E-Mail schreiben

1 Du weißt bereits, wie du einen Brief schreibst. Eine E-Mail ist auch ein Brief – ein elektronischer, der im Internet verschickt wird.

a Sieh dir die folgende Mail an.

An: sofie.begel@schülerfirma.de

Betreff: Vorschlag zur Pausenversorgung

Hallo, Sofie,
mir ist noch etwas eingefallen: Wir könnten regelmäßig Vollkornsnacks zubereiten. Ich würde Frau Meier fragen, ob wir die Schulküche nutzen dürfen.
Bis morgen! Tschüs
Anne, Kl. 5 a

b Schreibe in dein Heft, welche Angaben die Mail enthält.

– Empfängerin der Mail ist Sofie Begel.
– Ihre Mailadresse lautet: …
– Inhalt der Mail: …

!

Zum Schreiben einer **Mail** benötigst du
- eine eigene E-Mail-Adresse,
- die E-Mail-Adresse des Empfängers.

c Lies die Betreffzeile der Mail auf S. 52. Welche Aufgabe hat sie?

d Formuliere für die folgende Mail eine geeignete Betreffzeile.

An:	leon.bachmann@schüler.de
Betreff:	

Lieber Leon,
kann morgen leider nicht beim Training zuschauen, muss noch Mathe lernen. Entschuldige bitte! Viele Tore wünscht
dein Alex

So kannst du beim Schreiben von E-Mails vorgehen

1. Schreibe ins Adressfeld die E-Mail-Anschrift des Empfängers, z. B.: *sofie.begel@schülerfirma.de*
2. Fülle das Feld »Betreff« aus. Dazu musst du kurz zusammenfassen, worum es in deiner Mail geht, z. B.: *Pausenversorgung*.
3. Schreibe dein Anliegen in das Textfeld. Beachte die Regeln für das Briefeschreiben, wie Anrede, Grußformel, sprachliche Gestaltung.
4. Prüfe alles noch einmal und klicke dann auf »Senden«.

TIPP
Denke dir eine Mailadresse für deinen Schülersprecher aus.

2 Du wirst vom Schülerrat eingeladen, über das Faschingsprogramm zu sprechen, das du organisiert hast. Bestätige dein Kommen mit einer Mail an den Schülersprecher deiner Schule.

Was habe ich gelernt?

3 Überprüfe, was du über das Verfassen von Mitteilungen gelernt hast. Beantworte dazu die folgenden Fragen.

1 Was muss ich beim Schreiben einer Karte beachten?
2 Welche Übungstexte konnte ich problemlos schreiben? Warum?
3 Für welche Aufgabe habe ich lange gebraucht?

Ein Brainstorming durchführen

!

Brainstorming (engl. *brain* – Gehirn, engl. *storm* – Sturm) ist eine Methode zur Ideenfindung. Du kannst sie bei der Vorbereitung einer Erzählung, einer Beschreibung, eines Berichts oder eines Vortrags nutzen. Ausgehend von einem Bild, einem Begriff, einer Fragestellung oder einem Problem werden möglichst schnell, ohne nachzudenken, damit verbundene Gedanken, Gefühle oder Erlebnisse geäußert und notiert. Sie werden nicht bewertet, weder durch Bemerkungen noch durch Körpersprache (z. B. Naserümpfen oder Kopfschütteln). Nach dem Abschluss des Brainstormings könnt ihr alle Ideen auf ihre Brauchbarkeit testen und unbrauchbare Ideen durchstreichen.

1

a Seht euch das folgende Foto an. Notiert alle Gedanken, die euch beim Betrachten einfallen. Tragt eure Ideen zusammen, ohne sie zu bewerten.

- Sommertag
- sich verstecken
- neugierig
- etwas entdecken
- jemanden beobachten
- …

b Entscheidet jetzt, ob eure Ideen für das Schreiben einer Geschichte brauchbar sind. Streicht unbrauchbare Ideen durch.

In der Gruppe arbeiten

1 Sammle in Stichworten, was dir zum Thema »Gruppenarbeit« einfällt. Nutze dazu die folgenden Fragen.

1 Hast du schon einmal in einer Gruppe gearbeitet?
2 Was hat dir besonders gut daran gefallen, was lief schlecht?
3 Worauf muss man achten?

So könnt ihr Gruppenarbeit durchführen

1. Bildet etwa gleich große Gruppen (ca. 4–6 Personen).
2. Setzt euch so um einen Tisch, dass alle sich sehen und schreiben können. Wenn nötig, müsst ihr die Tische ein wenig verrücken.
3. Vergebt die folgenden Aufgaben, damit die Gruppenarbeit gelingt.
   Jeweils eine Schülerin / ein Schüler muss dafür sorgen, dass
   – in der Gruppe nicht zu laut gesprochen wird,
   – sich alle an der Arbeit beteiligen,
   – Rückfragen mit der Lehrerin / dem Lehrer geklärt werden,
   – die vorgegebene Zeit eingehalten wird und
   – die Arbeitsergebnisse festgehalten werden.
4. Achtet bei der Gruppenarbeit darauf, dass ihr nicht immer dieselben Aufgaben übernehmt.

2 Setzt euch anschließend zusammen und einigt euch gemeinsam auf sechs Arbeits- und Verhaltensregeln. Haltet diese in Form eines Plakats fest. Findet für jede Regel ein bildliches Symbol zur Veranschaulichung.

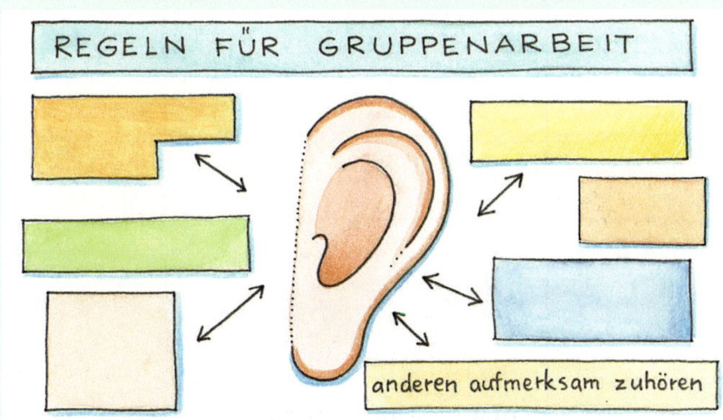

Texte verfassen

Wenn man gute, interessante, unterhaltsame Texte schreiben möchte, sind verschiedene **Arbeitsphasen** notwendig. Deshalb sollte man immer genügend Zeit einplanen, um einen Text gründlich **planen, gestalten und überarbeiten** zu können.
So kannst du beim Verfassen von Texten vorgehen:

1. Die Schreibaufgabe genau durchdenken	
Für wen möchte ich schreiben?	→ für Mitschüler, Fremde, Bekannte, Verwandte, für mich
Warum möchte ich schreiben?	→ unterhalten, informieren, aus Spaß am Schreiben
Was/Worüber möchte ich schreiben?	→ ein wahres oder erfundenes Geschehen, ein Erlebnis, eine Beobachtung
2. Den Text planen und gestalten	
Ideen, Stoff, Informationen sammeln, ordnen und gliedern	
• Bilder als Anregung nutzen	
• Ein Brainstorming durchführen	Außerirdische, Schnee, Unglück, Glück/Pech gehabt, Angst, träumen
• Reizwortketten nutzen	Urlaub – Reise – Eltern – langweilig – Freunde – Abenteuer
• *W*-Fragen stellen: *Wer? Wann? Wo? Warum? Wie? Womit?*	Tom, Tina, Pippi und ich in den letzten Sommerferien …
• Gedanken in Übersichten darstellen	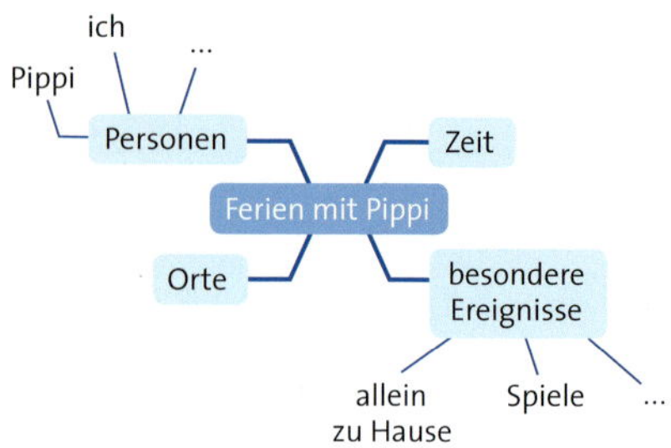

TIPP
Beachte, für wen und warum du schreibst.

Textteile formulieren	
• Anfang und Schluss formulieren	An einem schönen Sommernachmittag geschah etwas Seltsames …/ … Ende gut, alles gut.
3. Einen Textentwurf schreiben	
Den gesamten Text schreiben	
4. Den Textentwurf überarbeiten	
Schreibaufgabe bedenken	*Für wen, warum* und *was* will oder soll ich schreiben?
Den Textentwurf wie ein Fremder lesen	Lies den Text halblaut. Frage dich: *Ist die Schreibidee gut? Wie liest sich der Text?*
Den Entwurf schrittweise überarbeiten	
• den Inhalt überarbeiten	Ist die Einleitung gelungen? Was würde ich gern genauer wissen? Passt die Überschrift? …
• die Wortwahl überprüfen	Welche Wörter sollten ersetzt werden? Kenne ich Wörter aus dem Wortfeld?
• den Satzbau kontrollieren	Sind die Sätze vollständig und gut verbunden?
• die Rechtschreibung korrigieren	Welche Wörter sollte ich nachschlagen?
5. Die Endfassung schreiben	
Schreibe den ganzen Text neu und nimm alle Überarbeitungen auf. Beachte bei der Gestaltung des Textes, für wen und zu welchem Zweck du schreibst.	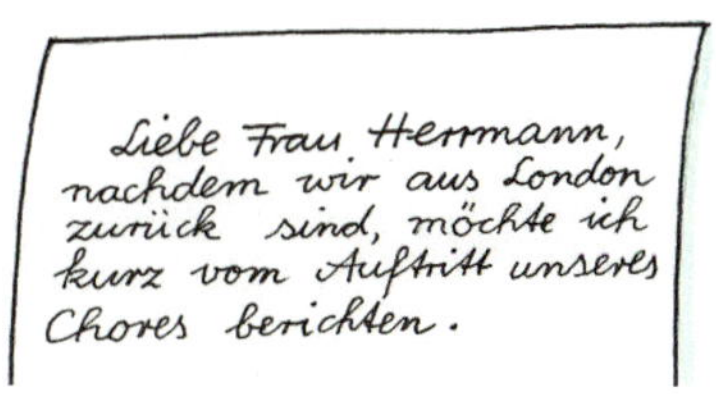

TIPP
Lass genügend Platz für spätere Überarbeitungen.

TIPP
Nach dem Schreiben des Entwurfs mache eine Pause.

TIPP
Benutze immer die gleichen Korrekturzeichen.

Mit literarischen Texten umgehen

Märchen lesen und verstehen

1 Kennst du diese Märchen?

a Lies die folgenden Textauszüge und nenne die Märchen, aus denen sie entnommen sind.

A Und da sann und sann sie aufs Neue, wie sie es umbringen wollte; denn solange sie nicht die Schönste war im ganzen Land, ließ ihr der Neid keine Ruhe. Und als sie sich endlich etwas ausgedacht hatte, färbte sie sich das Gesicht und kleidete sich wie …

B Der Holzhacker musste sich unter das Bett legen und kaum hatte er ein Weilchen da gelegen, da kam der Teufel nach Hause. »Guten Abend, Frau.« Und fing an, sich auszuziehen und sagte dann: »Wie ist mir in der Stube, ich rieche Menschenfleisch, da muss ich einmal nachsehen.« »Was wirst du wohl riechen?«, sagte die Frau, »Du hast den Schnupfen …«

C »Geh nur hin«, sagte der Butt, »sie hat sie schon.« Da ging der Mann hin, und seine Frau saß nicht mehr in dem alten Pott, aber es stand nun eine kleine Hütte da, und seine Frau saß vor der Tür auf einer Bank. Da nahm ihn seine Frau bei der Hand und sagte zu ihm: »Komm nur herein, siehst du, nun ist es doch viel besser.«

D Ach, in dem Haus sitzt eine gräuliche Hexe, die hat mich angehaucht und mit ihren langen Fingern mir das Gesicht zerkratzt; und vor der Tür steht ein Mann mit einem Messer, der hat mich ins Bein gestochen; und auf dem Hof liegt ein schwarzes Ungetüm, das hat mit einer Holzkeule auf mich losgeschlagen; und oben auf dem Dache, da sitzt der Richter, der rief: »Bringt mir den Schelm her.« Da machte ich, dass ich fortkam.

E Der Schneider verschloss Nadel und Zwirn, Elle und Bügeleisen in einen Schrank und lebte mit seinen drei Söhnen in Freude und Herzlichkeit. Wo aber ist die Ziege hingekommen, die schuld war, dass der Schneider seine drei Söhne fortjagte?

→ S.19 Eine Geschichte nacherzählen

b Suche aus A bis E ein dir bekanntes Märchen heraus und erzähle es nach.

c Welche anderen Märchen kennst du?
Nenne ein Märchen und erzähle kurz, wovon es handelt.

2

a Lies das folgende Märchen der Brüder Grimm.

Der süße Brei

Es war einmal ein armes, braves Mädchen, das lebte mit seiner Mutter allein, und sie hatten nichts mehr zu essen. Da ging das Kind hinaus in den Wald und begegnete ihm da eine alte Frau, die wusste seinen Jammer schon und schenkte ihm ein Töpfchen, zu dem sollt es sagen: »Töpfchen, koche«, so kochte es guten, süßen Hirsebrei, und wenn es sagte: »Töpfchen, steh«, so hörte es wieder auf zu kochen.

Das Mädchen brachte den Topf seiner Mutter heim und nun waren sie ihrer Armut und ihres Hungers ledig und aßen süßen Brei, sooft sie wollten.

Auf eine Zeit war das Mädchen ausgegangen, da sprach die Mutter: »Töpfchen, koche«, da kocht es und sie isst sich satt; nun will sie, dass das Töpfchen wieder aufhören soll, aber sie weiß das Wort nicht. Also kocht es fort und der Brei steigt über den Rand hinaus und kocht immerzu, die Küche und das ganze Haus voll und das zweite Haus und dann die Straße, als wollt's die ganze Welt satt machen, und ist die größte Not, und kein Mensch weiß sich da zu helfen. Endlich, wie nur noch ein einziges Haus übrig ist, da kommt das Kind heim und spricht nur: »Töpfchen, steh«, da steht es und hört auf zu kochen und wer wieder in die Stadt wollte, der musste sich durchessen.

b Suche heraus, was typisch für Märchen ist. Übertrage dazu die folgende Tabelle in dein Heft und ergänze die linke Spalte.

Merkmale der Märchen	Beispiele aus dem Text
Spruch …	Töpfchen, … …

c Trage Beispiele für die Merkmale in die rechte Spalte ein.

!

Volksmärchen wurden mündlich überliefert. Dadurch entstanden oft verschiedene Varianten eines Märchens. Der Autor, die Entstehungszeit sowie der Entstehungsort lassen sich nicht mehr eindeutig feststellen.
Die bedeutendste deutsche Märchensammlung ist die der Brüder Jacob und Wilhelm Grimm.
Volksmärchen sind an den folgenden **Merkmalen** zu erkennen:

- gleicher oder ähnlicher Beginn, z.B.: *Es war einmal ...*
- gleicher oder ähnlicher Schluss, z.B.: *Und wenn sie nicht gestorben sind, so leben sie noch heute.*
- Gegensatzpaare, z.B.: *gut – böse, schön – hässlich*
- magische Zahlen, z.B.: *drei Wünsche, sieben Zwerge, zwölf Schwäne*
- Fantasiewesen, z.B.: *Drachen, Feen, Zauberer*
- wiederkehrende Sprüche, z.B.: *Spieglein, Spieglein an der Wand, ...*
- Verwandlungen, Zaubereien
- meist siegt das Gute über das Böse

3 Wähle dir aus einem Märchenbuch einen Text aus. Untersuche ihn auf typische Merkmale. Lege dazu in deinem Heft eine Tabelle nach dem Muster aus Aufgabe 2 b (S. 59) an.

→ S. 72 Informationen sammeln

4 Die Brüder Grimm schrieben die überlieferten Märchen auf und bündelten sie in Sammlungen.
Suche weitere Informationen über das Leben und Schaffen der Brüder Grimm. Schreibe den Lückentext ab und ergänze ihn.

Jacob Grimm wurde am ▬ in ▬ geboren und starb im Jahre ▬ in Berlin. Er studierte ▬ in Marburg und nahm Anstellungen als ▬ an. Später wurde er in Göttingen als ▬ tätig. Als Mitunterzeichner eines politischen Protests geriet Jacob Grimm ▬ mit dem Gesetz in Konflikt. Sein Vater und der seines jüngeren Bruders Wilhelm war ▬ . Wilhelm erblickte am ▬ in Hanau das Licht der Welt und verstarb ebenfalls in Berlin ▬ Jahre früher als sein Bruder. Auch er arbeitete als ▬ und studierte ▬ in Marburg. Gemeinsam mit Jacob gab er ▬ die Sammlung Kinder- und Hausmärchen heraus, die in etwa ▬ Sprachen übersetzt wurde. Sie gehört zu den in deutscher Sprache am häufigsten gedruckten Büchern. Außerdem sammelten sie ab 1806 ▬ für »Des Knaben Wunderhorn«.

5

a Lies still das folgende Märchen von Hans Christian Andersen.

Die Teekanne

Es war einmal eine stolze Teekanne, stolz auf ihr Porzellan, stolz auf ihre lange Tülle, stolz auf ihren breiten Henkel; sie hatte etwas vorne an und hinten an, den Henkel hinten, die Tülle vorn, und davon sprach sie; aber sie sprach nicht von ihrem Deckel, der war zerbrochen, der war gekittet, der hatte einen Fehler, und von seinen Fehlern spricht man nicht gerne, das tun die andern genug. Tassen, Sahnekännchen und Zuckerdose, das ganze Teegeschirr würden wohl mehr an die Gebrechlichkeit des Deckels denken und von der sprechen als von dem guten Henkel und der ausgezeichneten Tülle, das wusste die Teekanne.

»Ich kenne sie!«, sagte sie zu sich selber. »Ich kenne auch wohl meine Mängel, und ich erkenne sie, darin liegt meine Demut, meine Bescheidenheit, Mängel haben wir alle, aber man hat doch auch Begabung. Die Tassen erhielten einen Henkel, die Zuckerdose einen Deckel, und ich erhielt noch ein Ding voraus, das sie niemals erhalten, ich erhielt eine Tülle, die macht mich zur Königin auf dem Teetisch. Der Zuckerschale und dem Sahnekännchen ward es vergönnt, die Dienerinnen des Wohlgeschmacks zu sein, aber ich bin die Gebende, die Herrschende, ich verbreite den Segen unter der durstenden Menschheit; in meinem Innern werden die chinesischen Blätter mit dem kochenden geschmacklosen Wasser verbunden.«

All dies sagte die Teekanne in ihrer unternehmenden Jugendzeit. Sie stand auf dem gedeckten Tisch, sie wurde von der feinsten Hand erhoben: Aber die feinste Hand war ungeschickt, die Teekanne fiel, die Tülle brach ab, der Henkel brach ab, der Deckel ist nicht wert, darüber zu reden; es ist genug von ihm geredet. Die Teekanne lag ohnmächtig auf dem Fußboden; das kochende Wasser lief heraus. Es war ein schwerer Schlag, den sie erhielt, und das Schwerste war, dass sie lachten; sie lachten über sie und nicht über die ungeschickte Hand.

»Die Erinnerung kann ich nicht loswerden!«, sagte die Teekanne, wenn sie sich später ihren Lebenslauf erzählte. »Ich wurde Invalide genannt, in eine Ecke gestellt und tags darauf an eine Frau fortgeschenkt, die um Küchenabfall bettelte; ich sank in Armut hinab, stand zwecklos, innerlich wie äußerlich; aber da, wie ich so stand, begann mein besseres Leben; man ist das eine und wird ein ganz anderes. Es wurde Erde in mich gelegt; das heißt für eine Teekanne, begraben zu werden; aber in die Erde wurde eine Blumenzwiebel gelegt; wer sie hineinlegte, wer sie gab, das weiß ich nicht; gegeben wurde sie, ein Ersatz für die chinesischen Blätter und das kochende Wasser, ein Ersatz für den abgebrochenen Henkel und die Tülle. Und die Zwiebel lag in der Erde, die Zwiebel lag in mir; sie wurde mein Herz, mein lebendes Herz; ein solches hatte ich früher nie gehabt. Es war Leben in mir, es war Kraft, viel Kraft; der Puls schlug, die Zwiebel trieb Keime; es war, wie um zersprengt zu werden von Gedanken und Gefühlen; sie brachen auf in einer Blüte; ich sah sie, ich trug sie, ich vergaß mich selber in ihrer Herrlichkeit; gesegnet ist es, sich selber in anderen zu vergessen! Sie sagte mir nicht Dank; sie dachte nicht an mich – sie wurde bewundert und gepriesen. Ich war froh darüber, wie musste sie es da sein! Eines Tages hörte ich, dass gesagt wurde, sie verdiene einen besseren Topf. Man schlug mich mitten entzwei; das tat gewaltig weh, aber die Blume kam in einen besseren Topf – und ich wurde in den Hof hinausgeworfen – liege da als ein alter Scherben – aber ich habe die Erinnerung, die kann ich nicht verlieren.«

→ S.19 Eine Geschichte nacherzählen

b Erzähle das Märchen nach.

c Vergleiche Andersens Märchen mit Grimms Märchen »Der süße Brei« (S.59, Aufgabe 2 a). Übertrage die Tabelle in dein Heft und ergänze sie. Tausche dich anschließend mit den anderen darüber aus.

Merkmale	»Der süße Brei«	»Die Teekanne«
Beginn …	Es war einmal ein armes, braves Mädchen …	Es war einmal eine stolze Teekanne, stolz auf ihr Porzellan …
sprachliche Besonderheiten	die wusste seinen Jammer schon als wollt's die ganze Welt satt machen der musste sich durchessen	ich verbreite den Segen unter der durstenden Menschheit ich sank in Armut hinab ich vergaß mich selber in ihrer Herrlichkeit

!

Kunstmärchen sind die Schöpfung eines Dichters. Sie weisen ähnliche Merkmale wie die Volksmärchen auf, enden aber nicht immer glücklich. Deswegen wurden sie teilweise speziell für Erwachsene geschrieben. Sprachlich sind sie anspruchsvoller formuliert.
Oft haben sie mehrere Handlungsstränge, die gleichzeitig ablaufen und in einen Schluss münden. Meist enthalten sie eine Art Lehre.
Zu bekannten Märchendichtern gehören Hans Christian Andersen (*Des Kaisers neue Kleider*), Wilhelm Hauff (*Der kleine Muck*) und E. T. A. Hoffmann (*Der goldene Topf*).

Über die Aufgabe nachdenken

6 Deine Klasse plant die Herausgabe eines eigenen Märchenbuchs. Überlege, für wen du schreiben willst und was du beachten musst.

Den Inhalt planen

a Wähle dir aus den folgenden »Märchenzutaten« drei aus.

drei Nächte und drei Tage | ein lebendiges Gemälde | drei Zauberpilze

eine verwunschene Mühle | gegen Mitternacht | sieben Stare

b Plane den Inhalt deines Märchens. Schreibe *W*-Fragen untereinander in dein Heft und denke dir passende Antworten aus.

Einen Textentwurf schreiben und überarbeiten

c Schreibe nun einen Entwurf deines Märchens und überarbeite ihn. Denke auch an eine spannende Überschrift.

→ S.56 Texte verfassen

d Stellt euch eure Märchen gegenseitig vor und sammelt sie in eurem Märchenbuch. Organisiert einen »märchenhaften Elternabend«, eine Märchennacht oder präsentiert das Buch auf der Schulhomepage.

Was habe ich gelernt?

7 Überprüfe, was du über Märchen gelernt hast. Das Lösungswort ist der Nachname bekannter deutscher Märchensammler.

1 Es besiegt fast immer das Böse. (1. Buchstabe)
2 So beginnen viele Märchen. (letzter Buchstabe des zweiten Wortes)
3 Drei Wünsche, sieben ... – das ist ein typisches Märchenmerkmal. (4. Buchstabe des ersten Wortes)
4 Sie wurden von Schriftstellern gedichtet. (6. Buchstabe)
5 Er war ein bekannter deutscher Märchendichter. (5. Buchstabe des Familiennamens)

Sagen lesen und verstehen

1

a Lies den folgenden Text und finde heraus, durch welche Angaben er sich von einem Märchen unterscheidet.

Die Weiber von Weinsberg

Weinsberg ist nur eine kleine Stadt dort in dem Lande, wo der Neckar fließt. Sie hatte früher feste Mauern und eine starke Burg. Aber der Kaiser Konrad hatte vor achthundert Jahren ein starkes Heer. Nach sechswöchiger Belagerung besiegte Konrad III., der Stauferkönig, seinen Widersacher und Verwandten, Herzog Welf VI., in offener Feldschlacht. Die Burg und die Stadt Weinsberg mussten sich ergeben.

Durch einen Herold ließ er den Burgbewohnern sagen, dass er, wenn er in die Stadt hineinkäme, keinen Mann und Krieger mehr würde leben lassen.

Da entstand ein großes Wehklagen in der Stadt. Das Korn und Brot und alles, was zu essen aufgespeichert worden war, war aufgezehrt, und was blieb den Leuten, wenn sie nicht verhungern wollten, anders übrig, als die Stadt zu übergeben? Aber wenn sie das taten, mussten alle Männer sterben.

Da war eine junge Frau, die sagte: »Wir Frauen bitten den Kaiser um eine Gnade. Und wenn er uns zu sich kommen lässt, dann lasst mich nur machen!«

Der Kaiser ließ die Frauen zu sich kommen, aber er blieb hart und wollte sich nicht erweichen lassen.

Da sagte das junge Weib: »Herr Kaiser, wenn Ihr schon die Stadt verderben wollt, dann lasst doch wenigstens uns Frauen leben. Denkt an unsere Kinder! Und wir Weiber können Euch doch nichts Übles tun. Und wenn Ihr uns abziehen lasst, dann lasst uns wenigstens etwas für den weiten Weg und die Flucht mitnehmen, wenigstens das, was uns am liebsten und am kostbarsten ist.«

Darauf willigte der Kaiser schließlich ein. »Nun ja«, sagte er, »dann sei euch das gewährt. Morgen früh wird das Tor geöffnet und ihr zieht mit euren Kindern ab, und was euch am kostbarsten ist und was ihr auf dem Rücken tragen könnt, das könnt ihr mitnehmen.«

Am anderen Morgen stand der Kaiser mit einigen seiner Ritter auf dem Hügel vor dem Stadttor. Als er den Befehl gegeben hatte, das große Tor zu öffnen, strömte der Zug der Weiber heraus.

Aber was war denn das?
Was trugen die Frauen denn da alle auf ihrem Rücken?
Das sah ja wirklich zum Lachen aus! Und der Kaiser lachte. Jede Frau hatte ihren Mann auf den Rücken gepackt. Huckepack trugen sie so ihre Männer aus der Stadt hinaus. Die Männer waren ja doch das Kostbarste und Liebste, was sie hatten, und das durften sie nach den Worten des Kaisers mitnehmen. Die Ritter waren böse darüber, aber der Kaiser lachte weiter.
»Gewiss war es so nicht gedacht, aber die Weiber waren wieder einmal klüger als wir Männer. Und an einem Kaiserwort darf nicht gedreht und gedeutelt werden!«
Er schenkte so den treuen Frauen und ihren Männern die Freiheit. Es wird erzählt, er habe sie alle wieder zurückgerufen und ein großes Fest veranstaltet. Sie durften nun alle in der Stadt bleiben und die Männer auch. Und bei dem Fest hätten der Kaiser selbst und die Ritter mit den Frauen getanzt. Die Burg, die schon seit langer Zeit Ruine ist, erhielt den Namen »Weibertreu«. *Erich Bockemühl*

Weinsberg. Burgruine Weibertreu

b Suche die Stadt Weinsberg auf einer Karte Deutschlands.

c Lies die folgenden Informationen aus der Kölner Königschronik zu einer Begebenheit in der Stadt Weinsberg im 12. Jahrhundert.

Treue Weiber und Herren von Weinsberg

1140 war die Burg im Besitz der Welfen, die sich mit den Staufern um die Macht im Reich stritten. König Konrad III., in seinem Gefolge sein Bruder Friedrich II. von Schwaben und mehrere Bischöfe und Fürsten (u. a. Markgraf Hermann III. von Baden), belagerte die Burg mehrere Wochen lang und schlug am 21. Dezember 1140 in offener Feldschlacht den zum Entsatz[1] heraneilenden Welf VI. Kurz darauf ergab sich die Burg. Dem Bericht der Kölner Königschronik zufolge versprach der König den Frauen auf der Burg Weinsberg freien Abzug und gab die Erlaubnis, »dass jede forttragen dürfte, was sie auf ihren Schultern vermöchte«. Auf die Männer wartete der Tod. Die Frauen nahmen den König beim Wort und trugen ihre Männer auf dem Rücken herab, denen sie so das Leben retteten, da der König sein Wort hielt. Die Frauen wurden als *Treue Weiber von Weinsberg* bekannt, und die Burg kam aufgrund dieser Begebenheit zu ihrem Namen Weibertreu (vermutlich im Lauf des 18. Jahrhunderts).

[1] Verteidigung

d Schreibe stichpunktartig geschichtliche Informationen heraus.

– Burg Weinsberg
– 1140 im Besitz der Welfen
– …

e Vergleiche die Sage mit dem Auszug aus der Chronik.
Welche Gemeinsamkeiten und welche Unterschiede erkennst du?

! **Sagen** wurden ebenso wie Märchen von Generation zu Generation weitererzählt. Der Unterschied besteht darin, dass Sagen einen wahren historischen Kern (geschichtliche Begebenheiten, Personen, landschaftliche Eigenheiten, Gebäude und Naturerscheinungen) enthalten. Man unterscheidet Orts-, Götter- und Heldensagen.

2 Lies die folgende Sagenfassung der Brüder Grimm.

Weinsberg. Weibertreu-Denkmal

a Stelle zuerst fest, was dem geschichtlichen Eintrag in der Chronik entspricht. Nimm dazu deine Stichpunkte aus Aufgabe 1 d zu Hilfe.

Die Weiber zu Weinsperg

Als König Konrad III. den Herzog Welf geschlagen hatte (im Jahr 1140) und Weinsperg belagerte, so bedingten die Weiber der Belagerten die Übergabe damit, dass eine jede auf ihren Schultern mitnehmen dürfte, was sie tragen könne. Der König gönnte das den Weibern. Da ließen sie alle Dinge fahren, und nahm eine jegliche ihren Mann auf die Schulter und trugen den aus. Und da des Königs Leute das sahen, sprachen ihrer viele, das wäre die Meinung nicht gewesen, und wollten das nicht gestatten. Der König aber schmutzlachte[1] und tät Gnade dem listigen Anschlag der Frauen. »Ein königlich Wort«, rief er, »das einmal gesprochen und zugesagt ist, soll unverwandelt bleiben.« *Brüder Grimm*

[1] *hier:* vielsagend lächeln

b Fasse mit eigenen Worten zusammen, was im Text der Brüder Grimm im Vergleich zur Chronik hinzugefügt wurde.

→ **S. 70** Ein Gedicht vortragen (Lesehilfen)

c Wähle eine der beiden Sagen aus (Aufgabe 1 a oder 2 a) und übe das ausdrucksstarke Vorlesen. Probiere dabei auch aus, ob man einzelne Textstellen unterschiedlich vorlesen kann, z. B. besonders betont, deutlich, langsam, laut oder leise.

d Lest euch die Sagen gegenseitig vor und beurteilt, welche Vorträge besonders gut gelungen sind. Begründet eure Meinung.

3

→ S.72 Informationen sammeln

→ S.43 Präsentieren

a Um viele Orte, Landschaften und interessante Bauwerke ranken sich Sagen. Wähle einen der folgenden Orte aus und finde heraus, welche Sagen es dazu gibt. Stelle deine Suchergebnisse in einem kurzen Vortrag vor.

Kölner Dom, Rosstrappe, Vineta, Spreewald, Wartburg (bei Eisenach)

b Suche in einem Sagenbuch oder im Internet nach deiner Lieblingssage. Übe das Vorlesen dieser Sage und bereite mit deinen Mitschülerinnen und Mitschülern einen »sagenhaften Nachmittag« vor, an dem jeder seine Sage vorträgt.

4 Findet heraus, welche Sagen sich um euren Landstrich, euren Ort, eure Kirche usw. ranken. Fasst die Ergebnisse auf Plakaten zusammen, die ihr in eurem Schulhaus ausstellen könnt. Achtet darauf, die geschichtlichen Grundlagen besonders hervorzuheben.

Was habe ich gelernt?

5 Überprüfe, was du über Sagen gelernt hast.
Folgendes Dokument wurde zerfetzt in der Kugel einer Kirchturmspitze gefunden. Die Schnipsel enthalten drei verschiedene Sagenmerkmale. Schreibe sie in vollständigen Sätzen auf.

wahrer historischer Kern

Männer auf dem Rücken

Kölner Domsage

die Frauen

Leben retten

der Untergang von Vineta

Rosstrappe

Sagen ranken sich

Wort halten

beim Wort

Orte, Landschaften, interessante Bauwerke

von Generation zu Generation

Mit Gedichten umgehen

Ein Gedicht vortragen

1 Lies die folgenden Gedichte.

a Tauscht euch darüber aus, wie die Dichter die Natur erleben.

Eduard Mörike **Er ist's**

Frühling lässt sein blaues Band
Wieder flattern durch die Lüfte;
Süße, wohlbekannte Düfte
Streifen ahnungsvoll das Land.
Veilchen träumen schon,
Wollen balde kommen.
– Horch, von fern ein leiser Harfenton!
Frühling, ja du bist's!
Dich hab ich vernommen!

Eugen Roth **Der Baum**

Zu fällen einen schönen Baum,
braucht's eine Viertelstunde kaum.
Zu wachsen, bis man ihn bewundert,
braucht er, bedenkt es, ein Jahrhundert.

Theodor Fontane **Mittag**

Am Waldessaume träumt die Föhre,
Am Himmel weiße Wölkchen nur,
Es ist so still, dass ich sie *höre*,
Die tiefe Stille der Natur.

Rings Sonnenschein auf Wies' und Wegen,
Die Wipfel stumm, kein Lüftchen wach,
Und doch, es klingt, als ström ein Regen
Leis tönend auf das Blätterdach.

b Vergleiche die Aussagen der Gedichte mit deinen eigenen Erfahrungen. Beschreibe, was du gefühlt, was du Neues entdeckt hast.

2 Trage zusammen, was du bereits über Gedichte weißt.
Was ist das Besondere an einem Gedicht? Wie ist es aufgebaut?

! In einem **Gedicht** möchte der Autor seine Gedanken und Gefühle ausdrücken, dabei verwendet er oft sprachliche Bilder.
Gedichte kann man in Strophen unterteilen, die aus mehreren Versen (Gedichtzeilen) bestehen. Gedichte haben einen bestimmten Rhythmus und können sich reimen.

3 Untersuche die Reime in den Gedichten auf S. 68 genauer.

a Beschreibe, wodurch sie sich unterscheiden.

b Es gibt verschiedene Reimschemata, z. B. Paarreime und Kreuzreime. Erkläre diese Bezeichnungen und ordne ihnen je ein Gedicht von S. 68 zu.

c In einem der Gedichte auf S. 68 kommt ein umarmender Reim vor. Was stellst du dir darunter vor? Nenne den Titel des Gedichts.

! Das **Reimschema** kannst du dir verdeutlichen, indem du jedem Vers einen Buchstaben gibst, Reime bekommen den gleichen Buchstaben.

Paarreim:		**Kreuzreim:**		**umarmender Reim:**	
zwei direkt aufeinanderfolgende Verse reimen sich		jeweils ein Vers reimt sich mit dem übernächsten		ein Paarreim wird von einem anderen umschlossen	
… Haus.	a	… Haus.	a	… Haus.	a
… Maus.	a	… Feld.	b	… Feld.	b
… Geld.	b	… Maus.	a	… Geld.	b
… Feld.	b	… Geld.	b	… Maus.	a

4 Das Gedicht »Er ist's« von Eduard Mörike wurde vertont.

TIPP
Es gibt ein Hörbuch mit dem gleichen Namen.

a Sucht in eurer Bibliothek oder im Internet nach einer Vertonung.

b Hört euch die Vertonung an und beschreibt die Grundstimmung des Gedichts, die durch den Vortrag zum Ausdruck kommt.

5 Bereite nun das Gedicht »Er ist's« für deinen eigenen Lesevortrag vor.

a Lies das Gedicht zuerst mehrmals nur für dich (laut, halblaut oder leise, wie du möchtest). Achte auf die Satzzeichen, z. B. Kommas, Punkte, Ausrufezeichen und den Gedankenstrich.

TIPP
Nutze am besten eine Kopie des Gedichts. Wenn du im Buch arbeiten möchtest, lege eine Folie auf.

b Trage jetzt Lesehilfen ein, die deinen Gedichtvortrag unterstützen sollen. Nimm dazu den folgenden Rahmen zu Hilfe.

So kannst du deinen Gedichtvortrag mit Lesehilfen vorbereiten

1. Unterstreiche die Wörter und Wortgruppen, die du betonen willst.
2. Setze einen Schrägstrich für eine kurze Pause, /
   zwei Schrägstriche für eine lange Pause. //
3. Zeichne die Satzmelodie ein:
   Stimme senken
   Stimme heben
4. Bringe die Grundstimmung des Gedichts durch deinen Tonfall zum Ausdruck: fröhlich, laut, leise usw.
5. Beachte dein Sprechtempo.

Eduard Mörike // **Er ist's**

Frühling lässt sein blaues Band /
Wieder flattern durch die Lüfte; //

c Tragt euch das Gedicht gegenseitig vor. Gebt Hinweise, was noch verbessert werden könnte.

Ein Gedicht auswendig lernen

TIPP
Du kannst auch eins der Gedichte auf S. 68 nutzen.

1

a Du sollst nun ein Gedicht auswendig lernen. Suche dir eins aus.

b Überlege zuerst, ob dir der Inhalt des Gedichts verständlich ist. Kläre unbekannte Wörter oder Textstellen. Stelle dir den Inhalt bildlich vor.

2

a Bereite den Gedichtvortrag mithilfe von Lesehilfen vor.

Eugen Roth // **Der Baum**

Zu fällen einen schönen Baum, /
braucht's eine Viertelstunde kaum. //
Zu wachsen, bis man ihn bewundert, /
braucht er, / bedenkt es, / ein Jahrhundert.

b Lies das Gedicht mehrmals laut vor. Du kannst auch verschiedene Varianten aufnehmen und dir deinen Lesevortrag vorspielen. Wähle die gelungenste Fassung aus.

3

TIPP
Du kannst die Strophen auch aus dem Gedächtnis aufschreiben und dich so kontrollieren.

a Lerne nun das Gedicht Vers für Vers, Strophe für Strophe auswendig. Beginne mit der ersten Strophe und wiederhole diese mehrmals. Danach nimmst du dir die nächste, dann wieder die nächste vor, bis du alle Strophen auswendig kannst.

b Wiederhole das Gelernte mehrfach. Achte auf den Rhythmus und den Reim. Verteile das Lernen auf mehrere Tage.

So kannst du deinen Gedichtvortrag üben

1. Übe deinen Lesevortrag mehrmals (vor dem Spiegel oder vor Eltern und Geschwistern).
2. Sprich laut und deutlich.
3. Trage dein Gedicht ausdrucksvoll vor.
4. Achte auf ein angemessenes Sprechtempo und auf Pausen.
5. Halte Blickkontakt mit den Zuhörern.

Informationen sammeln

In einer Bibliothek Informationen suchen

1 Du kennst bereits verschiedene Sagen, die entstanden, weil sich die Menschen in früherer Zeit viele Dinge nicht erklären konnten.

a Trage zusammen, an welche Sagen du dich erinnern kannst.

→ **S. 64** Sagen lesen und verstehen

b Sicher ist deine Heimatregion auch reich an »Sagenhaftem«. Welche Ortssagen aus deiner Heimatregion kennst du?

→ **S. 105** Orts- und Flurnamen

c Trage zusammen, welche Flurnamen es in deiner Region gibt, die man eventuell durch eine Sage erklären könnte.

d Überlege, wo du Sagen über deine Region finden könntest.

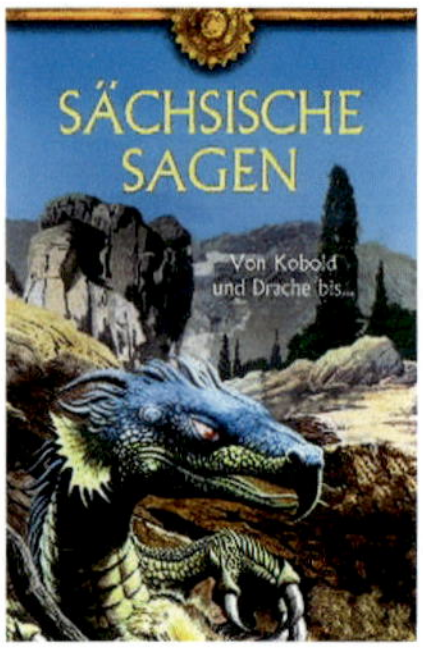

2 Eine Möglichkeit, Bücher mit Sagen zu finden, ist die Bibliothek.

a Um Leser einer Bibliothek zu werden, muss man ein Anmeldeformular ausfüllen. Sieh dir das folgende Beispiel an.

Anmeldeformular

Name ______ Kunden-Nr. (wird von der Stadtbibliothek eingetragen) ______

Vorname ______

Straße ______ Geburtsdatum __.__.____

PLZ, Wohnort ______ Telefon ______

Name d. Erziehungsberechtigten ______

Anschrift (nur, wenn sie nicht mit der oben genannten identisch ist) ______

Ich erkenne die Benutzungsordnung und Gebührensatzung der Stadtbibliothek Stralsund an und bin mit der elektronischen Speicherung der Daten zum Zweck der Ausleihverbuchung einverstanden. Meinem Kind gestatte ich die Nutzung des Internets.

Ort, Datum ______ Unterschrift des Erziehungsberechtigten ______

b Suche heraus, welche Angaben du unbedingt eintragen musst.

c Trage zusammen, welche Unterlagen du zur Anmeldung brauchst.

d Besorge dir ein Formular der Bibliothek, die für dich am günstigsten zu erreichen ist, und fülle es aus.

3 Nun bist du Leser einer Bibliothek und kannst nach Herzenslust in den Regalen umherstöbern. Allerdings gibt es in einer Bibliothek eine Benutzungsordnung.

a Lies die folgenden Nutzungsbedingungen und begründe, warum sie unbedingt eingehalten werden sollten.

Nutzungsbedingungen

- Die Ausleihfrist beträgt vier Wochen. Alle Materialien sind pünktlich zurückzubringen.
- Das Ausleihen ist grundsätzlich kostenlos.
- Werden entliehene Materialien nicht pünktlich zurückgegeben, dann muss eine Versäumnisgebühr bezahlt werden.
- Alle entliehenen Materialien sind sorgfältig zu behandeln.
- Das Essen und Trinken ist nur in den dafür vorgesehenen Räumen gestattet.
- Lärm und Unruhe sind zu vermeiden.

b Lies die Nutzungsbedingungen deiner Bibliothek und vergleiche sie mit den in Aufgabe a genannten. Was stellst du fest?

! Wenn du in der Bibliothek ein bestimmtes Buch ausleihen möchtest, suchst du es am besten im **alphabetischen Katalog**.
Auf der Karteikarte findest du Angaben zum Buch (Titel und Untertitel, Autor bzw. Herausgeber, Verlag und Erscheinungsjahr, ISBN u.a.).
Außerdem steht auf der Karte eine **Signatur**. Sie gibt an, wo das Buch in der Bibliothek zu finden ist.

4 Sieh dir die Karteikarte aus dem alphabetischen Katalog an. Suche die folgenden Angaben zu dem Buch heraus.

- Autor
- Erscheinungsjahr
- ISBN
- Verlag
- Signatur
- Titel und Untertitel

Schmied, Hartmut: Geister, Götter, Teufelssteine:
Sagen- & Legendenführer Mecklenburg-Vorpommern;
161 geheimnisvolle Stätten in 115 Orten ...
Rostock: Hinstorff Verl., 2005. – 223 S.: Ill. ISBN 3-356-01110-3
L 212

! Wenn du nach einem Thema suchst und noch keinen genauen Buchtitel kennst, nutze den **systematischen Katalog** deiner Bibliothek. Überlege dir Schlagworte, nach denen du suchen kannst, z. B.: *Deutsche Literatur, Sage, Mecklenburg-Vorpommern.*

→ S. 157 Ober- und Unterbegriffe

5 Überlege dir Schlagworte für deine Suche im systematischen Katalog, wenn du Bücher zu folgenden Fragen suchst.

1 Wie die Insel Rügen entstanden ist
2 Woher das Dorf Neschwitz seinen Namen hat
3 Die besiegte Mittagsfrau

! Die meisten großen Bibliotheken verfügen über einen **Onlinekatalog im Internet.** Hier kannst du sowohl nach Schlagworten als auch nach Autoren und Titeln von Büchern suchen.

6 Die Stadtbibliothek Stralsund bietet im Internet einen Onlinekatalog an.

a Suche in diesem Onlinekatalog nach Sagen, in denen etwas über die Insel Rügen zu erfahren ist.

b Tauscht euch über eure Suchergebnisse aus. Überprüft, welche der Bücher ihr entleihen könntet.

So kannst du in einem Onlinekatalog suchen

1. Über die Internetadresse gelangst du zum Onlinekatalog deiner Bibliothek.
2. Schreibe in das Eingabefeld folgende Angaben:
   - den gesuchten Buchtitel, z. B. *Sagen und Märchen der Insel Rügen,*
   - den Autor, z. B. *Burkhardt, Albert,* oder
   - das Schlagwort, z. B. *Sagen*.
3. Klicke auf das Feld »Suchen«.
4. Wähle ein Suchergebnis aus und klicke es an. Du erfährst, in welchem Regal das Buch steht und ob du es ausleihen kannst.

7 Stelle fest, welche Kataloge es in deiner Bibliothek gibt.

8 Probiere die Arbeit mit Bibliothekskatalogen aus.
Suche in deiner Bibliothek nach Büchern zum Thema »Heimatsagen« deiner Region.

a Überlege zuerst, in welchem Katalog du am besten suchen solltest. Begründe deine Meinung.

b Probiere aus, in welchem Katalog du am schnellsten Bücher zum Thema »Heimatsagen« findest. Schreibe die Bücher auf, die du dir genauer ansehen möchtest.

c Tausche dich mit deinen Mitschülerinnen und Mitschülern über deine Ergebnisse und Erfahrungen aus.

So kannst du geeignete Bücher auswählen

1. Lies den Titel und gegebenenfalls den Untertitel des Buches.
2. Lies die Inhaltsangabe auf dem Umschlag.
3. Sieh dir das Inhaltsverzeichnis an.
4. Blättere im Buch und verschaffe dir einen ersten Eindruck.
5. Überfliege den gefundenen Text und überprüfe, ob er die gesuchte Information enthält.

→ **S. 82** Den Inhalt eines Textes erfassen

Im Internet Informationen suchen

> **!** Das **Internet** ist ein weltweites Netz von Computern. Mit seiner Hilfe kannst du dir Informationen über verschiedene Wissensgebiete besorgen. Zu diesem Zweck »surfst« du im World Wide Web (www), indem du verschiedene Internetseiten aufrufst.
> Eine **Suchmaschine** erleichtert dir die Suche nach Informationen. Du musst dazu geeignete Suchwörter eingeben und auf »Suchen« klicken.
> Suchmaschinen für Kinder sind z. B.
> http://www.blinde-kuh.de oder
> http://www.spielstrasse.de

1

a Wähle eine der beiden Suchmaschinen für Kinder aus. Gib die Adresse in das Adressfeld des Internetfensters ein. Beschreibe den Aufbau der Internetseite, die sich öffnet. Lies dir auch die Erklärungen durch, die sie enthält.

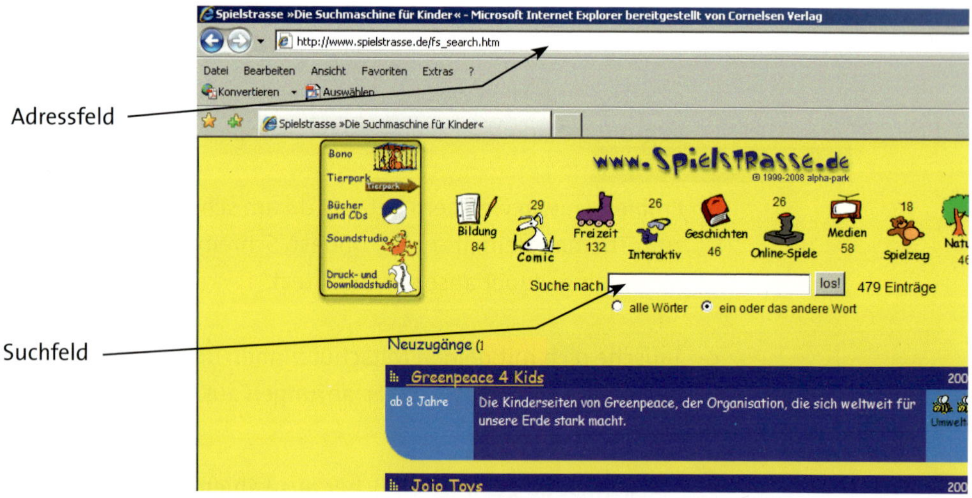

b Beschreibe jetzt die Internetseite der anderen Suchmaschine. Gehe dabei vor wie in Aufgabe a.

c Entscheide, welche Suchmaschine du zuerst verwenden möchtest, um nach Sagen aus deiner Heimatregion zu suchen. Begründe deine Entscheidung.

2 Um eine Suchmaschine erfolgreich nutzen zu können, benötigst du einen geeigneten Suchbegriff.

a Überlege, welchen Suchbegriff du am besten verwendest, wenn du im Internet Sagen aus deiner Heimatregion lesen willst.

b Probiere nacheinander beide Suchmaschinen aus. Schreibe deinen Suchbegriff in das jeweilige Eingabefeld und klicke auf »Suchen« bzw. »los!«.

c Beschreibe, was nach der Eingabe des Suchbegriffs passiert. Wie viele Ergebnisse haben die Suchmaschinen gefunden?

d Suche das Ergebnis aus, das deiner Meinung nach am besten zur gesuchten Information passt, und klicke es an. Findest du das von dir Erwartete?

! Viele Suchmaschinen bieten auch **Web-Kataloge** an. Das sind Sammlungen von Internetadressen, die bereits nach bestimmten Themen oder Sachgebieten sortiert sind.

3 Gehe auf die Seite der Suchmaschine http://www.spielstrasse.de, dort findest du viele Katalogeinträge. Die Zahl über oder unter den Symbolen zeigt dir an, wie viele Adressen zu einem Gebiet gefunden wurden.

Web-Katalog

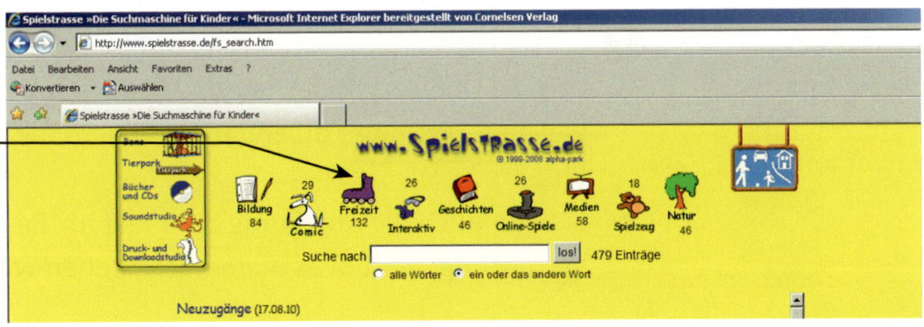

a Klicke auf das Feld »Geschichten«. Überprüfe, ob du in diesem Katalog auch Informationen zu Sagen findest.

b Tauscht euch darüber aus, welcher Weg schneller zur Information geführt hat: über die Suchmaschine oder über den Web-Katalog?

Sachtexte erschließen

Auf den Inhalt eines Textes schließen

1 In der Schule und in deiner Freizeit stößt du manchmal auf Fragen, die du nicht sofort beantworten kannst. Du musst dir Informationen beschaffen. Diese findest du oft in Sachtexten.

a Lies die Begriffserklärung im Merkkasten und fasse anschließend mit deinen Worten zusammen, was Sachtexte sind.

> **!** **Sachtexte** sind Texte, die über ein Thema informieren. Sie dienen der Wissensvermittlung und liefern sachliche Informationen, z.B. über Gegenstände, Ereignisse, Sachverhalte oder Probleme.

b Erklärt, worin sich ein literarischer Text (z.B. Gedicht, Erzählung, Kinderbuch) von einem Sachtext unterscheidet. Notiert dazu einige Stichpunkte.

> **!** Um Antworten auf eine Frage oder Informationen zu einem Thema zu finden, brauchst du geeignete Sachtexte. Da du nicht alle immer gründlich lesen kannst, musst du dir schnell einen Überblick über ihren Inhalt verschaffen. Oft kannst du bereits **aus der Überschrift auf den Textinhalt schließen**.

2

Vermutungen über den Textinhalt anstellen

a Lies die Überschrift des Textes auf S. 79 und sage, welchen Textinhalt du erwartest.

b Sieh dir auch die Abbildung zum Text an. Bestätigt sie deine Vermutung, worum es in dem Text gehen wird?

c Sieh dir den Text genauer an. Woran kannst du dich außerdem schnell orientieren?

d Lies nun den Text und überprüfe, ob deine Vermutungen richtig waren.

Warum stehen Heizungen immer unter dem Fenster?

Ist dir das schon mal aufgefallen? Egal ob im Bad, im Wohnzimmer oder in der Küche – Heizungen stehen meistens unter dem Fenster. Das erscheint auf den ersten Blick ein bisschen unlogisch: Die Luft am Fenster ist schließlich kalt. Man könnte vermuten, dass die kuschelige Wärme der Heizung dort schnell verlorengeht. Das stimmt aber nicht!

Warum die Heizung unter dem Fenster stehen sollte

Die Heizung muss sogar dort stehen, wo es am kühlsten ist, damit sich die Wärme schnell verteilt. Das hat damit zu tun, dass warme Luft stets nach oben steigt und kalte Luft nach unten fällt. Dadurch bleibt die Luft im Zimmer immer in Bewegung. [...]

Wie die Luft in Bewegung kommt

Der Heizkörper strahlt Wärme ab. Die kühle Luft am Fenster erwärmt sich und steigt in Richtung Zimmerdecke. Dort oben kühlt sie sich wieder ab und sinkt zu Boden. Weil stets von der Heizung erwärmte Luft nachkommt, entsteht ein Kreislauf. So verwandelt die Heizung immer wieder die kalte Luft vor dem Fenster in warme Luft. Diese steigt dann wieder auf, kühlt sich oben ab, sinkt zu Boden und wird dort wieder von der Heizung erwärmt. Wie eine Walze kreist die Luft so durch den Raum und es wird im ganzen Zimmer schön warm.

Ohne Luft-Kreislauf kein warmes Zimmer

Dieser Kreislauf käme nicht zustande, wenn die Heizung nicht unter dem Fenster stünde. Die warme Luft würde dann über der Heizung aufsteigen, sich oben abkühlen und dort wieder »herunterfallen«, wo es am kältesten ist, nämlich an der Fensterseite. Wenn hier kein Heizkörper die Luft wieder erwärmt, bleibt sie hängen und staut sich. Dann wäre nur die Luft an der Zimmerdecke warm. Wenn du nicht gerade ein Hochbett hast, könnte das im Winter also ziemlich ungemütlich werden.

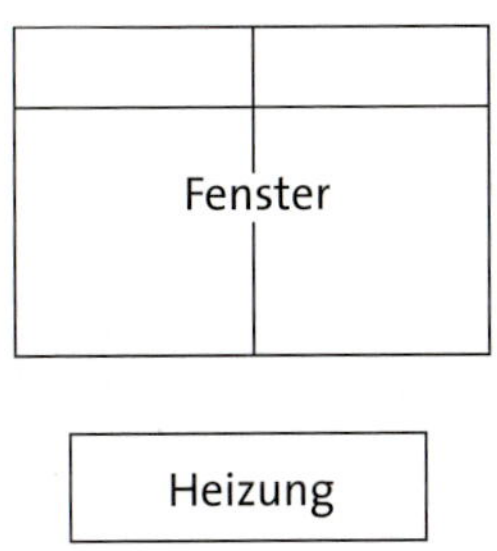

!

Um bereits vor dem Lesen Vermutungen über den Textinhalt anstellen zu können, suche nach folgenden **Orientierungshilfen**:
- Verrät dir die Überschrift, worum es in dem Text geht?
- Gibt es Teilüberschriften, die Hinweise auf den Textinhalt geben?
- Sind Wörter hervorgehoben, die die Orientierung im Text erleichtern?
- Gehören Fotografien oder Abbildungen zum Text, die Vermutungen über den Inhalt zulassen?

3

a Lest die Überschrift des Textes in Aufgabe 4 a. Welche Erwartungen an den Inhalt habt ihr? Tauscht euch darüber aus.

!

Nicht immer ist der Inhalt eines Textes aus seiner Überschrift erkennbar. Dann musst du dir einen Überblick über den Textinhalt verschaffen, indem du ihn **mit den Augen überfliegst**, ohne jedes Wort zu lesen.

Den Text überfliegen

b Sieh dir die folgenden Abbildungen an. Sie zeigen dir, wie du einen Text überfliegen kannst.

Diagonallesen

Slalomlesen

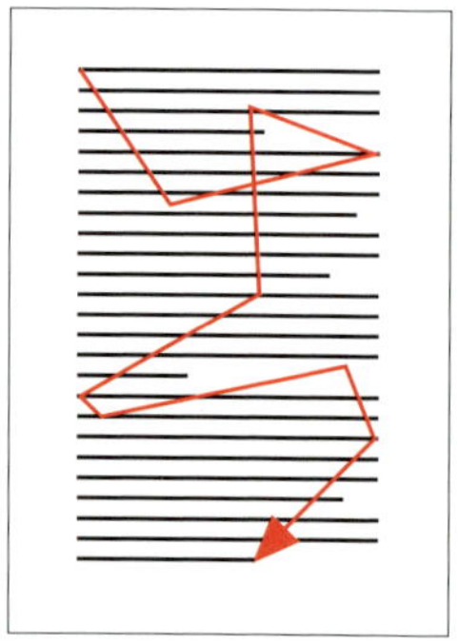

Zickzacklesen

c Probiere alle drei Arten des Überfliegens aus. Nutze dazu den Text in Aufgabe 2 d (S. 79). Welche Art des Überfliegens fällt dir am leichtesten?

4

a Um genauere Vermutungen über den Inhalt des Textes anstellen zu können, überfliege nun den folgenden Text mit den Augen.

Wüsten – schrecklich und schön

Wüsten bedecken auf unserer Erde riesige Gebiete. Die ältesten Wüsten sind fünf Millionen Jahre alt. Das ist im Verhältnis zum Alter der Erde nicht viel. Als die Erde entstand, gab es die heutigen Wüsten noch nicht. Sie haben sich erst später aus einer anderen Landschaftsform entwickelt. Das belegen viele Hinweise: So haben Forscher in Wüsten Gesteine mit Abdrücken längst ausgestorbener Pflanzen und versteinerte Pflanzenteile gefunden. Außerdem hat man Felsmalereien von Menschen der jüngeren Steinzeit entdeckt, die zeigen, dass die Wüste zunächst eine Savanne war, also eine von Gras und Bäumen bewachsene und von vielen Tieren bewohnte Landschaft.

Eine Landschaft kann zur Wüste werden, wenn sich das Erdklima verändert. Das geschieht über einen sehr langen Zeitraum: Zuerst fällt immer weniger Regen. Dadurch verändern sich die Pflanzen dieser Region. Ohne die notwendige Nahrung verlassen die Tiere das Gebiet. Je weniger Pflanzen wachsen, also je weniger Wurzeln die ausgedörrte Erde festhalten, desto eher kann der Wind die Erde wegblasen. Bald ist die fruchtbare oberste Bodenschicht verschwunden: Die Sandwüste breitet sich aus.

b Welche Art des überfliegenden Lesens hast du benutzt?

TIPP
Kläre unbekannte Begriffe mithilfe des Textes oder schlage sie nach.

c Lies den Text jetzt genau. Fasse kurz zusammen, was über die Wüsten mitgeteilt wird.

d Schreibe mindestens zwei passende Überschriften zum Text auf.

5

a Bemühe dich, beim Lesen lange Wörter und umfangreiche Wortgruppen auf einen Blick zu erfassen. Orientiere dich an der Mittellinie.

Hasel
Haselnuss
Haselnusskuchen
Haselnusskuchenbäcker
Haselnusskuchenbäckermeister

Angel
Angelschein
Angelscheinprüfung
die Angelscheinprüfung bestehen
Ich habe die Angelscheinprüfung bestanden.

TIPP
Achte auch auf Satzschlusszeichen oder Kommas.

b Bemühe dich, beim Lesen Bedeutungseinheiten zu erfassen. Bedeutungseinheiten sind Gruppen von Wörtern, die in ihrer Bedeutung eng miteinander verbunden sind.

Kann man unter Wasser riechen?

Im Wasser gibt es einiges zu riechen – nur für uns Menschen nicht. Dazu müssten wir nämlich einatmen. Und das ist keine gute Idee, wie wahrscheinlich jeder noch vom letzten Besuch im Schwimmbad weiß. Fische haben damit natürlich kein Problem, denn die atmen durch Kiemen. Trotzdem haben sie auch Nasen, die ausschließlich dazu dienen, Gerüche wahrzunehmen. Zum Beispiel: Wo gibt es etwas zu fressen? Haie können auf eine große Entfernung Blut riechen. Die Nase ist für Fische aber auch ein wichtiges Warnsystem. Bei dem Geruch eines verletzten Tieres flüchten die Fische aus Angst, angegriffen oder gefressen zu werden. Allerdings: Ganz ohne Wasser könnten auch wir Menschen keinen Geruch erkennen. Jeder Duft, der uns durch die Luft erreicht, ist eine chemische Verbindung. Und die wird erst einmal gelöst in einer hauchdünnen wässrigen Schicht an der Nasendecke.

Den Inhalt eines Textes erfassen

TIPP
Wenn das Buch nicht dir gehört, lege zum Arbeiten eine Folie über den Text.

! Wenn du beim Lesen **Antwort auf eine bestimmte Frage** suchst, überfliege den Text zuerst und kennzeichne die Stelle, die die Antwort enthält (z. B. am Rand oder mit einem Textmarker). Bevor du mit dem Überfliegen des Textes beginnst, solltest du dir überlegen, auf welche **Schlüsselwörter** du achten willst. Schlüsselwörter sind wichtige Wörter zum Thema.

Schlüsselwörter bestimmen

1 Du suchst Informationen zur Entstehung von Wüsten.

a Stelle eine Liste mit Schlüsselwörtern zusammen, die du suchen willst.

Antworten auf Fragen suchen

b Suche im Text von Aufgabe 4 a (S. 81) den Abschnitt heraus, der Antwort auf die Frage »Wie entstehen Wüsten?« gibt. Nutze dazu deine Schlüsselwörter.

c Lies den Abschnitt genau. Schreibe Stichpunkte zur Beantwortung der Frage heraus.

2 Du suchst Antwort auf die Frage »Welche Bedeutung hat die Arbeit der Archäologen?« und hast folgenden Text gefunden.

Schlüsselwörter bestimmen

a Stelle vor dem überfliegenden Lesen Schlüsselwörter zusammen, nach denen du suchen willst.

Den Text überfliegen

b Überfliege den Text und suche nach den Schlüsselwörtern. Markiere die Stellen, die dir helfen, die Frage zu beantworten.

TIPP
Wenn das Buch nicht dir gehört, lege zum Arbeiten eine Folie über den Text.

Graben in der Vergangenheit

Auf der ganzen Welt gibt es Geschichten über vergrabene Schätze. Denn seit die Menschen Häuser bauen, finden sie Gegenstände, die ihre Vorfahren verloren oder vergraben haben. Gewöhnlich werden diese Dinge zufällig gefunden und viele davon sind so uninteressant, dass man sie früher einfach weggeworfen hat. Das Einzige, was die Menschen aufbewahrten, waren Gold und Silber oder andere offensichtlich wertvolle Sachen.

Auch Archäologen sind Schatzsucher. Wenn sie Gold und Silber oder schöne Kunstgegenstände finden, freuen sie sich. Aber für sie ist auch alles andere, was Menschen verwendet haben und was ihr Alltagsleben prägte, wertvoll. Manchmal kann nämlich eine einzige Tonscherbe dem Archäologen mehr sagen als ein goldener Ring. Wenn man zum Beispiel an der Keramik erkennt, dass es sich um einen Import aus einem anderen Land handelt, dann kann das ein Hinweis darauf sein, dass es Beziehungen zu diesem Land gegeben haben muss, friedlicher oder kriegerischer Art.

Ebenso wichtig sind die Überreste von Gebäuden, Häusern, Tempeln, Palästen und Festungen, die man in der Vergangenheit baute, oder alte Gräber. Aufschlussreich sind aber nicht nur die Funde selbst, sondern auch, wo die Dinge liegen, welche Farbe und welche Beschaffenheit der Boden besitzt und wie die Dinge in der Erde gelagert sind.

Das Beobachten und Registrieren all dieser Einzelheiten mithilfe von Notizen, Fotos und Zeichnungen ist für den Archäologen ebenso wichtig wie die Beschreibung der gefundenen Gegenstände und Bauwerke. Denn bei jeder Ausgrabung werden Erdschichten zerstört, und es ist unmöglich, die Dinge nachher wieder so herzustellen, wie sie zuvor waren. Was der Archäologe übersieht, ist dann verloren.

TIPP
Kläre unbekannte Begriffe mithilfe des Textes oder schlage sie nach.

Antworten auf Fragen suchen

c Lies die markierten Stellen gründlich. Beantworte die Frage, indem du Stichpunkte aus dem Text herausschreibst.

3

Den Text überfliegen

a Überfliege den folgenden Text und nenne das Thema, um das es geht.

Angefangen hat alles vor langer Zeit am Nordpol bei den Eskimos oder Inuit, wie sie sich selbst nennen. Dort im ewigen Eis gab es keine Pferde, Ochsen oder Esel, die den Menschen bei der Arbeit helfen konnten – die wären bei der Kälte nämlich auf der Stelle erfroren! Es gab aber wilde Hunde mit dickem Fell. Diese Hunde wurden von den Ureinwohnern wie Pferde vor die Schlitten gespannt. Die Schlittenhunde waren schnell, kräftig, ausdauernd und fraßen das, wovon es im ewigen Eis viel gab: Robbenfleisch. Dann kamen Europäer auf der Suche nach neuem Land und Gold. Zum Zeitvertreib veranstalteten sie die ersten Rennen mit Schlittenhunden.

Mit der Zeit lösten die Eisenbahn, die Motorschlitten und die Flugzeuge die Hundeschlitten als Transportmittel ab. Also wurden Schlittenhunde eigentlich überflüssig. Wären da nicht die Rennen gewesen. Von nun an wurden die Hunde aus sportlichen Gründen vor den Schlitten gespannt, damit ehrgeizige Männer und Frauen um die Wette fahren konnten. Und das nicht nur in Alaska oder Sibirien. Jedes Jahr finden auch in Europa Wettrennen über unterschiedliche Entfernungen statt. Ein Schlittenhund muss für so ein Rennen sehr fit sein. So schaffen es gut trainierte Hunde, innerhalb von 24 Stunden einen Schlitten über 200 Kilometer weit zu ziehen.

Rennen in Elend (Harz)

Schlüsselwörter bestimmen

b Stelle Schlüsselwörter zu jeder Frage zusammen und suche die Textstellen heraus, die die Antwort geben.

1 Warum konnten den Menschen am Nordpol keine Pferde, Ochsen oder Esel bei der Arbeit helfen?
2 Wie weit kann ein gut trainierter Hund den Schlitten in 24 Stunden ziehen?
3 Wo finden heute Schlittenrennen statt?
4 Wie nennen sich die Menschen, die am Nordpol wohnen?
5 Wodurch wurden die Schlittenhunde abgelöst?

Antworten auf Fragen suchen

c Beantworte die Fragen aus Aufgabe b mithilfe des Textes. Notiere Stichpunkte in deinem Heft.

4 Du suchst Antwort auf die Frage »Warum werden in Deutschland Ende Februar oder Anfang März Scheiterhaufen angezündet?« und hast einen Text gefunden.

Schlüsselwörter bestimmen

a Stelle Schlüsselwörter zusammen, überfliege den Text und markiere die Stellen, die die Frage beantworten.

Na gut, ganz so einfach ist es nicht, den Winter auszutreiben. Doch es gibt einige Bräuche, mit denen die Menschen seit vielen Jahrhunderten versuchen, den Frühling herbeizulocken. In vielen Gegenden in Deutschland werden dazu Ende Februar oder Anfang März große Scheiterhaufen abgebrannt. Alte Christbäume, Treibholz oder Sperrgut werden übereinandergeschichtet und in Brand gesteckt. In Süddeutschland sind das die Funkenfeuer, in Norddeutschland spricht man von Biikebrennen und in Hessen gibt's die so genannten Hutzelfeuer. In manchen Regionen wird ganz oben an die Spitze der Funkentanne eine Puppe gebunden, die dann mitverbrennt. Damit die Funken so richtig sprühen und es ordentlich knallt, ist diese Winterhexe mancherorts mit einer Ladung Schwarzpulver gefüllt. Wo der Ursprung dieses Feuerbrauchs liegt, ist bis heute nicht genau geklärt. Wahrscheinlich mischen sich verschiedene alte Bräuche. Man nimmt an, dass die Feuerfeste mit einem germanischen Frühlingskult aus vorchristlicher Zeit zusammenhängen. Die bösen Geister des Winters sollten mit Licht und Wärme vertrieben und die Götter um günstige Bedingungen für die Bestellung der Felder gebeten werden. Es ist aber auch bekannt, dass im Mittelalter die Menschen beim Frühjahrsputz ihre Häuser aufräumten und die alten Sachen anschließend verbrannten. Mit den Biikefeuern an der Nordsee dankte man den Göttern, dass man den harten Winter überstanden hatte, und verabschiedete die Männer ins neue Seefahrtsjahr.

»Biikebrennen« in Nordfriesland

Antworten auf Fragen suchen

b Lies die markierten Stellen gründlich und beantworte die Frage in deinem Heft.

Einzelne Informationen suchen

c Übertrage die Tabelle in dein Heft und ergänze sie. Suche dazu aus dem Text nur die Informationen heraus, die du benötigst.

TIPP
Lies nicht jede Einzelheit.

Name der Scheiterhaufen		
in Süddeutschland	in Norddeutschland	in Hessen
…	…	…

! Um einen Sachtext genauer zu verstehen, ist es oft wichtig, seinen **Aufbau** zu **erfassen**. Das heißt, du musst herausfinden, welche Gedanken der Autor aneinanderreiht. Oft beginnt ein neuer Gedanke mit einem neuen Abschnitt. Die Inhalte der Abschnitte ergeben dann den Gedankengang.
Den Inhalt der Abschnitte kannst du gut erfassen, indem du Teilüberschriften findest oder selbst formulierst.

5

Den Text überfliegen

a Über welches Thema informiert der folgende Text? Überfliege ihn. Notiere eine Überschrift, die bereits auf das Thema hinweist.

Die Menschen wohnten im Rom der Antike in unterschiedlich gebauten Häusern und Wohnungen. Die meisten Römer lebten in überfüllten Wohnblocks oder kleinen Räumen hinter ihren Läden oder Werkstätten. Die Sklaven einer römischen Familie hatten oft keine eigenen Unterkünfte: Sie mussten sich irgendwo zum Schlafen hinlegen. Manche Sklaven waren in kleinen Räumen im Keller untergebracht.

Die Häuser der Reichen waren meist sehr luxuriös, mit kühlen, geräumigen Zimmern, schönen Möbeln und schattigen Gärten. Die Häuser der Reichen waren gewöhnlich nur ein oder zwei Stockwerke hoch.

In der Mitte des Hauses lag der Hof, das Atrium. Hier erledigte der Besitzer des Hauses jeden Morgen seine Geschäfte. Das Atrium ließ Licht in das Haus dringen und hielt es kühl. Es war überdacht, mit Ausnahme einer Öffnung in der Mitte. Durch dieses Loch lief Regenwasser in ein darunterliegendes Becken und wurde in einer Zisterne (ein Behälter) unter dem Atrium gesammelt.

Die Schlafzimmer lagen meist im Erdgeschoss und führten auf das Atrium hinaus. Auch Räume, die als Esszimmer oder als Empfangsraum für Gäste benutzt wurden, öffneten sich zum Atrium hin.

Hinter dem Haus lag ein Garten. Er wurde zum Teil durch ein niedriges, von Säulen getragenes Dach überschattet. Hier konnten die Familienmitglieder die Kühle eines Sommerabends genießen. Im Garten gab es manchmal auch einen Springbrunnen und eine Essecke.

Teilüberschriften finden

b Lies den Text abschnittsweise und formuliere für die einzelnen Abschnitte Teilüberschriften in Form einer Frage.

Textabschnitte ordnen

6 Hier ist die Reihenfolge des Textes durcheinandergeraten. Bringe die Abschnitte wieder in die richtige Abfolge.

Nach dem Aufwärmen und Baden ging man in den Heißluftraum, wo es wie in einem türkischen Bad dampfte.

Dann trieb man etwas Sport.

Zum Abschluss tauchte man in einem Kaltbecken im Kaltbaderaum unter.

Die meisten Römer hatten kein Badezimmer zu Hause.

Stattdessen gingen sie in die großen öffentlichen Badeanstalten – die Thermen.

Zuerst zog man sich im Umkleideraum aus und nahm sich ein Handtuch.

Nach dem Sport begab man sich in den Warmbaderaum, wo man mit anderen plauderte, Neuigkeiten austauschte oder auch über Geschäfte redete.

Dort konnte man Freunde und Bekannte treffen, Sport treiben und baden.

Textinhalte zusammenfassen

!

Oft ist es nötig, den **Inhalt eines Textes zusammenzufassen.**
Dabei hilft dir die Beantwortung folgender Fragen:

- Welches Thema wird im Text behandelt?
- Sind Teilthemen erkennbar?
- Welche Hauptinformation liefert der Text?
- Welche wesentlichen Informationen werden dazu geliefert?

1

Den Text überfliegen

a Überfliege den folgenden Text und nenne das Thema.

Es gibt nur wenige Strände auf unserer Erde, an denen so viele verschiedenartige Steine vorkommen wie an der Ostsee. An den Stränden unserer heimatlichen Ostseeufer findet man tatsächlich eine ganz ungewöhnlich bunte Vielfalt unterschiedlicher Gesteine. Es lohnt sich unbedingt, einen der vielen Geröllstrände an unserer Küste zu besuchen und etwas genauer zu betrachten. Am besten geschieht das bei nebelfeuchtem Wetter. Dann zeigen die Steine nämlich ihre Verschiedenartigkeit am deutlichsten. Am Anfang erscheint diese Vielfalt an Steinen etwas verwirrend. Daher ist es gut, zuerst nach etwas Bekanntem Ausschau zu halten, beispielsweise nach Feuerstein, den ja fast jeder Strandwanderer kennt.

b Notiere eine passende Überschrift für den Text, die bereits auf das Thema hinweist.

Wichtige Informationen finden

c Lies den Text genau und notiere nur die wichtigsten Informationen in Stichpunkten.

Die Hauptinformation formulieren

d Schreibe die Hauptinformation des Textes in einem Satz auf.

e Schreibe eine Zusammenfassung des Textes. Nutze dazu die Angaben aus dem Merkkasten oben.

2 Im folgenden Text geht es darum, worauf man beim Sammeln und Zubereiten von Pilzen achten muss.

Textabschnitte zusammenfassen

a Lest den Text abwechselnd Abschnitt für Abschnitt laut und sagt jeweils, welcher Hinweis zum Pilzesammeln gegeben wird.

Viele Menschen verzichten auf den Genuss selbst gesammelter Pilze, weil sie eine Vergiftung befürchten. Tatsächlich erkranken auch jedes Jahr Menschen nach dem Genuss giftiger Pilze. Deshalb sind beim Pilzesammeln einige Dinge zu beachten.
Ursache der Pilzvergiftungen ist fast immer die Unkenntnis der giftigen Arten. Pilzvergiftungen werden vermieden, wenn man nur die Pilze sammelt, die einem bekannt sind.
Die Pilze sollten nur in festen Behältern, wie Körbe oder stabile Plastikgefäße, gesammelt werden. In Rucksäcken, Taschen oder Beuteln werden die Pilze gedrückt, schwitzen und verderben sehr rasch.
Alte und durchnässte Pilze sollte man stehen lassen. Die alten Pilze sorgen durch ihre Sporen für den Nachwuchs, und die durchnässten Pilze sind wenig haltbar. Gesammelt werden sollten nur junge und festfleischige Pilze.
Die am Boden wachsenden Pilze werden leicht aus der Erde gedreht. So kann man die unteren Stielenden besser erkennen. Nur die Pilze, die an Bäumen wachsen, werden abgeschnitten.
Es ist darauf zu achten, dass die Laubschicht im Wald nicht zerwühlt wird. Das schadet dem Wald und der im Boden lebenden Pilzpflanze mehr, als man glaubt.
Ratsam ist es, die Pilze an Ort und Stelle zu säubern. Sie verschmutzen sich sonst gegenseitig. Madige Teile an Pilz und Stiel sollten entfernt werden.
Das Sammelgut sollte bald zubereitet werden. Auch wenn die Pilze erst am nächsten Tag gegessen werden sollen, empfiehlt es sich, sie bald durchzuschmoren.
Ist eine sofortige Verwendung nicht möglich, müssen die Pilze in kühlen und trockenen Räumen flach ausgebreitet werden, am besten auf Holzrosten oder einer Papierunterlage.

b Fasse die Hinweise in kurzen Ratschlägen zusammen.

1. Sammle nur Pilze, die dir bekannt sind!
2. …

Teste dich selbst!

Den Text überfliegen

1 Überfliege den folgenden Text und erfasse das Thema. Notiere eine Überschrift, die auf das Thema des Textes hinweist.

Sicher sind dir Menschen bekannt, die unter einer Allergie leiden. Vielleicht bist du aber auch selbst davon betroffen? Dann sind die folgenden Informationen für dich besonders interessant. Sie sollen das Wissen und das Verständnis für diese Erkrankung erweitern.

Bei einer Allergie weicht die Reaktion des Körpers auf bestimmte körperfremde Stoffe vom normalen Verhalten ab. Die allergieauslösenden Stoffe nennt man Allergene. Diese befinden sich zum Beispiel in Gräserpollen, in verschiedenen Nahrungsmitteln oder im Kot der Hausstaubmilben. Der Körper hält diese Allergene für eine Bedrohung und wehrt sich. Die Allergie ist also eine krank machende Überempfindlichkeit des Körpers auf bestimmte Allergene.

Eine Allergie zeigt sich am häufigsten mit tränenden Augen und laufender Nase. Auch die Atmungsorgane können betroffen sein und in schweren Fällen droht Atemnot. Die Haut kann mit Ausschlägen, Schwellungen und Juckreiz reagieren. Vor allem dieser Juckreiz macht den Betroffenen sehr zu schaffen, da sie nicht zur Ruhe kommen können. Auch andere Körperteile sind betroffen. So können die Gelenke mit Schwellungen reagieren oder auch mit Schmerzen. Auch der Magen, Darm oder der ganze Bauch kann wehtun, dem Betroffenen ist übel oder er neigt zu Durchfällen. Nicht selten treten bei einem Allergiker mehrere Allergieformen gleichzeitig auf.

Wurde eine Allergie erkannt, sollte diese unbedingt behandelt werden. Die wichtigste Methode ist das Vermeiden. Das heißt, die oder der Betroffene muss verhindern, mit dem Allergen in Kontakt zu kommen. Da das nicht immer funktioniert, ist es gut, dass es viele hilfreiche Medikamente gibt. Auch kann man eine »Allergieimpfung« vornehmen lassen. Sie bewirkt, dass die allergische Reaktionsbereitschaft geschwächt oder sogar ganz aufgehoben wird.

Teilüberschriften finden

2 Erfasse den Gedankengang des Textes.

a Lies den Text dazu abschnittsweise. Stelle zu jedem Abschnitt eine Frage, die durch den Text beantwortet wird. Formuliere daraus eine Teilüberschrift.

●●● **b** Überlege, warum der Autor seinen Text nicht gleich mit dem zweiten Abschnitt begonnen hat. Notiere mindestens einen Grund.

Einzelne Informationen finden und Fragen beantworten

3 Beschäftige dich jetzt genauer mit dem Inhalt des Textes.

a Ein Schlüsselwort im Text ist das Wort *Allergie*. Unterstreiche im Text alle Wortgruppen, die den Begriff erklären.

b Entscheide dich für eine Erklärung des Wortes *Allergie* und schreibe sie in dein Heft.

c Was ist ein Allergen? Suche den Satz im Text, der diesen Begriff erklärt, und schreibe ihn in dein Heft.

TIPP
Wenn das Buch nicht dir gehört, lege zum Arbeiten eine Folie über den Text.

4

a Suche den Abschnitt, der beschreibt, welche Beschwerden Allergien hervorrufen können.

b Unterstreiche alle genannten Körperteile, die betroffen sein können.

c Übertrage die folgende Tabelle in dein Heft. Schreibe die Körperteile untereinander in die linke Spalte.

Körperteile	Beschwerden
...	...

d Ergänze in der rechten Spalte der Tabelle, wie sich die Allergie bemerkbar macht.

e Suche aus dem Text heraus, wie man Allergien behandeln kann. Schreibe die Behandlungsmethoden in dein Heft.

Mit Medien umgehen

1

a Seht euch die abgebildeten Medien an. Tauscht euch darüber aus, wie oft und zu welchem Zweck ihr sie nutzt.

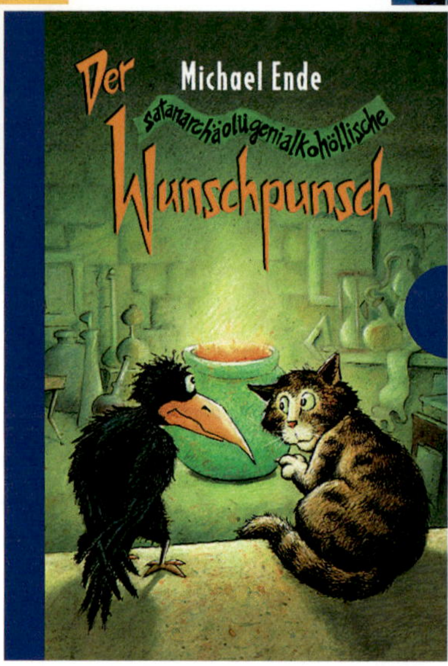

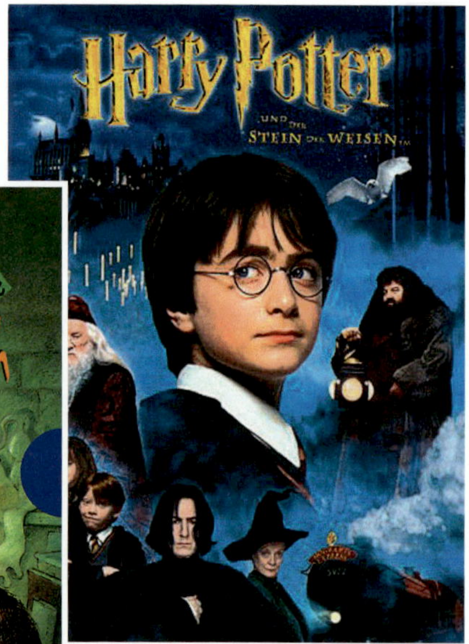

b Nennt weitere Medien, die für euch wichtig sind. Begründet, warum sie für euch bedeutsam sind.

> **!** **Medien** sind Mittel zur Verständigung der Menschen untereinander. Umgangssprachlich versteht man darunter vor allem die Massenmedien, wie z. B. Zeitung, Zeitschrift, Hörfunk, Film, Fernsehen, Computer.
> Man kann sie einteilen in Medien zum Lesen (Printmedien, z. B. Buch, Zeitung, Zeitschrift) und Medien zum Hören und Sehen (audiovisuelle Medien, z. B. Telefon, Film, Hörfunk, Fernsehen, Internet, Videospiele).

2

a Lies den folgenden Bericht aus einer Studie über Kinder und Medien.

Bei den Freizeitbeschäftigungen mit Medien ist das Fernsehen die häufigste Tätigkeit der Sechs- bis 13-Jährigen. Die meisten sitzen sogar jeden oder fast jeden Tag vor dem Fernseher. Fast drei Viertel hören regelmäßig Musik-CDs oder Musikkassetten. 67 von hundert befragten Kindern sitzen Woche für Woche vor dem Computer. Jedes zweite Kind zählt zu den regelmäßigen Radiohörern oder liest Bücher in der Freizeit, Zeitschriften werden etwas weniger genutzt. Fast die Hälfte der Befragten beschäftigt sich regelmäßig mit Konsolenspielen oder mit dem Gameboy. 40 von hundert Kindern lesen mindestens wöchentlich Comics.

b Übertrage die folgende Tabelle in dein Heft. Schreibe die Medien, die im Text der Aufgabe a genannt werden, in die richtige Spalte.

Medien zum Lesen (Printmedien)	Medien zum Hören und Sehen (audiovisuelle Medien)
...	Fernsehen

c Unterstreiche in deiner Liste die Medien, die von Kindern am häufigsten genutzt werden.

d Stellt fest, welche Medien in eurer Klasse am beliebtesten sind. Schreibt dazu eure Lieblingsmedien auf und tauscht euch darüber aus.

Mit Kinderbüchern umgehen

1 »Wer lesen und schreiben kann, hat vier Augen.«

a Erkläre dieses albanische Sprichwort.

b Sieh dir die abgebildeten Einbände von Kinderbüchern an. Welche kennst du oder hast du bereits gelesen? Wie haben sie dir gefallen?

c Entscheide dich für einen der folgenden Arbeitsaufträge.

1. Stelle deine Lieblingskinderbücher anhand kurzer Steckbriefe auf einem Plakat vor.

Autor:
Titel:
Geschenkt, geliehen, gekauft?
Wie oft gelesen?
Was gefällt daran?
Kritisches
kurze Inhaltsangabe
Seitenzahl

→ **S.72** In einer Bibliothek Informationen suchen

2. Gehe in die Bibliothek und informiere dich über das Angebot an Kinderbüchern für deine Altersklasse. Kläre die folgenden Fragen:
   - Wie viele verschiedene Kinderbücher für deine Altersklasse gibt es?
   - Welche der Bücher werden am häufigsten ausgeliehen?
   - Wann wurden diese Bücher geschrieben?

3. Frage bei deinen Großeltern, Eltern, Geschwistern und Mitschülern nach, welche Kinderbücher sie am liebsten gelesen haben bzw. lesen. Stelle eine »Generationshitliste« zusammen.

Die Lieblingsbücher meiner ...	
Großeltern Eltern Tanten, Onkel älteren Geschwister jüngeren Geschwister Freundinnen, Freunde	»Die rote Zora und ihre Bande« ...

!

Die **Kinder- und Jugendliteratur** ist ein Teil der deutschen und der Weltliteratur. Bereits im 18. Jahrhundert wurden speziell für Kinder und Jugendliche Bücher geschrieben, in denen ihr Alltag, ihre Sorgen und Probleme, aber auch ihre Träume, Hoffnungen und Fantasien im Mittelpunkt stehen. Bekannte Schriftsteller sind z. B. Wilhelm Busch, Mark Twain, Erich Kästner, Astrid Lindgren, Gerhard Holtz-Baumert, Christa Kožik, Michael Ende und Christine Nöstlinger.

2 Christine Nöstlinger schrieb das Kinderbuch »Dicke Didi, fetter Felix«.

a Lies den folgenden Textausschnitt vom Beginn des Buches.

Und dann gab es in der Siedlung »Frohe Eintracht« bis vor einem Jahr noch die dicke Didi und den fetten Felix.

Die dicke Didi wohnte am Amselweg. Der fette Felix wohnte am Nachtigallenweg. Trotzdem waren sie Nachbarn, weil der Amselweg der Weg neben dem Nachtigallenweg war und Didis Garten dort aufhörte, wo der Garten von Felix anfing.

Didi und Felix waren gleich alt und gleich groß. Viele Leute hielten sie für Zwillinge. Das lag am Fett. Fette Bäuche sehen einander ähnlich. Fette Beine auch. Und Augen, eingezwängt zwischen dicken Wangen und feisten Stirnen, schauen auch gleich aus. Dabei hatte Didi blaue Augen und Felix braune. Und Didi, wäre das Fett nicht gewesen, hätte eine Spitznase gehabt – wie ihre Mutter. Und Felix, ohne Fett, eine Kugelnase – wie sein Vater.

b Fasse zusammen, was du aus diesem Textausschnitt erfährst.

c Tausche dich mit deinen Mitschülerinnen und Mitschülern darüber aus, wie es mit den beiden weitergehen könnte. Stelle mithilfe des folgenden Klappentextes des Buches Vermutungen an.

Die dicke Didi und der fette Felix sind Freunde – notgedrungen, weil die anderen Kinder sie nur auslachen und nichts mit ihnen zu tun haben wollen. Das ist zwar ungerecht, aber Didi macht es nicht mehr so viel aus, seit sie in Felix verliebt ist. Als sich die Situation schlagartig ändert, ist Didi zuerst verzweifelt. Doch dann entdeckt sie, was man alles mit Wut im Bauch statt mit Tränen in den Augen erreichen kann.

TIPP
Beachte auch den Titel des Buches.

d Gestalte mithilfe des Textauszuges einen ansprechenden Einband für das Buch.

e Vergleicht eure Entwürfe in der Klasse und besprecht, welche am besten gelungen sind. Begründet eure Meinungen.

→ **S.72** In einer Bibliothek Informationen suchen

3 Besorgt euch das Buch aus der Bibliothek.

a Seht es euch genau an und beantwortet die folgenden Fragen. Tauscht euch über eure Ergebnisse in der Klasse aus.

1. Welche äußere Form hat das Buch: Hat es einen festen Einband oder ist es ein Taschenbuch?
2. Wie ist der Einband gestaltet?
3. Welche Informationen findet ihr auf dem Einband?
4. Welche Angaben sind auf den ersten und den letzten Seiten enthalten?
5. Wer hat das Buch illustriert? Passen die Illustrationen zum Inhalt der Kapitel?
6. Gefällt dir die Gestaltung des Buches insgesamt?

b Nimm ein anderes Kinderbuch zur Hand und sieh es dir genau an. Gehe dabei vor wie in Aufgabe a. Übertrage die folgende Tabelle in dein Heft und notiere Angaben zu den Büchern. Finde Gemeinsamkeiten und Unterschiede heraus.

	»Dicke Didi, …«	…
äußere Form Einbandgestaltung	fester Einband …	… …

4 Comics stehen ganz oben auf der Liste der beliebtesten Bücher.

TIPP
Ihr könnt euer Lesebuch zu Hilfe nehmen.

a Sucht mögliche Gründe, warum Kinder oft lieber zum Comic als zum Buch greifen. Bezieht in eure Überlegungen die besonderen Merkmale von Comics ein. Fertigt eine Stichpunktliste an und tauscht euch über die Ergebnisse aus.

– *durch dazugehörige Bilder leichter zu verstehen*
– ...

b Welche Comic-Helden kennst du? Suche dir einen aus, zeichne ihn auf und halte in einigen Stichpunkten seine Besonderheiten fest.

c Bringt Zeitungen und Kataloge mit, aus denen ihr etwas ausschneiden dürft. Entwerft einen eigenen Comic.

So könnt ihr einen eigenen Comic gestalten

1. Einigt euch auf einen euch bekannten Witz.
2. Stellt fest, wie viele Personen eine Rolle spielen und in welcher Umgebung sie sich befinden.
3. Teilt den Witz in mehrere Szenen auf.
4. Überlegt euch die Inhalte der Sprechblasen und Blocktexte bzw. Zwischentexte.
5. Sucht nun in den Zeitungen entsprechende Köpfe, Hintergründe usw.
6. Klebt euren Comic auf und vervollständigt ihn mit Sprechblasen, Symbolen und den weiteren Merkmalen dieser Textsorte.
7. Gestaltet ihn, wenn nötig, noch farbig.

TIPP
Wer gut zeichnet, kann natürlich auch selbst einen Comic gestalten.

Mit Kinderzeitschriften umgehen

1 »GEOlino«, »Was ist Was!« und »Stafette« sind bekannte Kinder- und Jugendzeitschriften.

a Kennst du diese Zeitschriften?
Welche Zeitschriften würdest du gerne lesen?

! In Deutschland gibt es fast für jede Altersgruppe der Kinder und Jugendlichen extra **Zeitschriften**. Sie erscheinen in unterschiedlichen Abständen: wöchentlich, alle zwei Wochen, monatlich oder sechs Mal im Jahr. Du kannst sie am Zeitungsstand oder im Buchladen kaufen oder nach Hause bestellen, das heißt abonnieren.

TIPP
Legt dazu eine Tabelle an.

b Stellt eine Zeitschriften-Hitliste eurer Klasse auf. Findet auch heraus, welche Zeitschriften abonniert und welche nur ab und zu gekauft werden. Einigt euch zuerst, wie ihr dabei vorgehen wollt.

c Seht euch zwei Zeitschriften aus der Hitliste genauer an. Übertragt die folgende Tabelle in euer Heft und ergänzt sie.

	Zeitschrift 1	Zeitschrift 2
Titel Erscheinungsweise Altersgruppe Preis Farben Themen Aufbau Werbung		

d Tragt eure Ergebnisse zusammen. Tauscht euch darüber aus, was euch an den Zeitschriften gefällt bzw. was ihr kritisiert.

2 Organisiert in größeren Gruppen eine Redaktionssitzung und gestaltet eure eigene Klassenzeitschrift.

a Überlegt, welche Themen in eurer Zeitschrift Platz finden sollen, und teilt sie auf.

Was?	Wer?
Mode	Janine, Leo
Sport	Lara, Tim
…	…

b Recherchiert das Material für euer Thema im Internet oder schneidet es aus verschiedenen Zeitschriften aus. Schreibt, wenn nötig, selbst einen kurzen Artikel.

c Sucht einen Namen für eure Zeitung.

d Findet passende Fotos oder illustriert die Zeitschriftenartikel.

Was habe ich gelernt?

3 Überprüft, was ihr über Medien gelernt habt. Bastelt dazu ein Quartett zum Thema *Medien*. Ihr könnt z. B. je vier bekannte Kinderzeitschriften, Kinderbücher, Hörmedien, Massenmedien, Kinderbuchschriftsteller, Kinderfilme, Comic-Helden, Kinderbuchfiguren usw. aufnehmen.

Die Entstehung von Namen

Vornamen

1 Untersucht die Vornamen in eurer Umgebung.

a Schreibt Vornamen auf, die in der Klasse, bei Freunden, Geschwistern, Eltern und Großeltern vorkommen.

b Sucht diejenigen Vornamen heraus, die besonders häufig vorkommen.

c Vermutet, welche Gründe es für die Häufung bestimmter Vornamen geben könnte.

2 Weißt du, woher dein Vorname kommt?
Kennst du seine ursprüngliche Bedeutung?

a Wenn du die ursprüngliche Bedeutung deines Vornamens nicht kennst, kannst du in einem Vornamenbuch nachschlagen. Lies den folgenden Ausschnitt aus einem Vornamenbuch.

Anja, (auch:) Anje: aus dem Russischen übernommener weibl. Vorn., russische Form von ▸ Anna. ∗ Bekannte Namensträgerin: Anja Silja, deutsche Opernsängerin (20. Jh.).
Ann: ▸ Anna.
Anna: weibl. Vorn. hebräischen Ursprungs (hebr. *hanna* »er [Gott] war gnädig«). – Anna hieß nach der christlichen Überlieferung die Mutter Marias. Während »Maria« aus religiöser Scheu als Vorname in Deutschland bis zum 16. Jh. gemieden wurde, war der Name ihrer Mutter bereits im 14. Jh. sehr verbreitet. Nach der Reformation war der Name gleichermaßen bei Protestanten und Katholiken beliebt. Bis heute gehört Anna zu den meistvergebenen weiblichen Vornamen; NAMENSTAG: 26. Juli.
Annabella, (auch:) Annabell; Anabel: weibl. Vorn., entweder Doppelform aus ▸ Anna und ▸ Bella oder Umgestaltung des weiblichen Vornamens Amabel (lat. *amābilis, -e* »liebenswert«, vgl. Mabel) zu Anabel und weiter zu Annabella. Engl. Form: An[n]abel ['ænəbɛl]. Französ. Form: Annabelle [anna'bɛl].
Ännchen: weibl. Vorn., Koseform von ▸ Anna. Die Koseform ist durch das Volkslied »Ännchen von Tharau« bekannt.

b Beantworte mithilfe des Ausschnitts die folgenden Fragen.

1. Aus welcher Sprache wurde der Vorname *Anja* übernommen?
2. Wie lautet eine Koseform von *Anna*?
3. Welchen Ursprung hat der Vorname *Anna*? Was bedeutet er?
4. Was bedeutet der Vorname *Annabella*?
5. Wodurch wurde der Vorname *Ännchen* bekannt?

c Suche jetzt deinen Namen in einem Vornamenbuch und schreibe heraus, woher er kommt und was er ursprünglich bedeutet hat.

3

a Erkläre mithilfe der folgenden Tabelle die Bedeutung dieser alten Vornamen.

Adalbert – Eberhart – Friedrich – Hildegard – Ludwig – Hartwig – Siegfried

Silben des Vornamens	Bedeutung
adal/adel	adlig, edel
bert/brecht	hell, glänzend, strahlend
eber	kräftig, stark wie ein Eber
fried/frid	Friede, Ruhe, Sicherheit
gard	einzäunen, Schutz
ger	Speer, Speerspitze
hard/hart	hart, fest, stark
hild/hilt	Kampf, kämpferisch
lud/lut	laut, berühmt
rich/rik	reich, mächtig, herrschend
sieg/sig/sigi	Sieg, Kraft, Gewinn
wig	Kampf, Streit

b Stelle Vermutungen an, warum einige alte Vornamen heute noch bekannt und gebräuchlich sind, andere aber nicht.

!

Bis zum 12. Jahrhundert hatten die Menschen nur einen Vornamen, den so genannten Rufnamen, denn in Siedlungen und Dörfern lebten nur wenige zusammen, sodass ein Name zur Unterscheidung ausreichte.
Die ursprüngliche Bedeutung alter germanischer **Vornamen** lässt uns heute noch erkennen, was für die Menschen damals wichtig war.
Sehr viele Namen enthalten Silben, die auf Kampf, Krieg und Waffen hinweisen, z. B. in *Siegfried* oder *Gerhild*.
Auch mit Kampf und Krieg verbundene Eigenschaften finden wir oft in den Vornamen, z. B. in *Gerhard* oder *Hartmut*.

4 Tragt zusammen, wie viele Vornamen es in eurer Klasse gibt, die aus anderen Sprachen übernommen wurden.
Stellt fest, welche Sprachen am häufigsten vertreten sind.

TIPP
Wenn ihr nicht sicher seid, aus welcher Sprache ein Vorname übernommen wurde, sucht ihn in einem Vornamenbuch.

5 Viele der heute beliebten und bekannten Vornamen wurden aus anderen Sprachen übernommen.
Sieh dir die Übersicht an und ergänze sie durch eigene Beispiele.

– aus dem Englischen:	*Jenny, Tom, Vivian, Kevin, Emily, Nicolas*
– aus dem Italienischen:	*Angelina, Carina, Isabella, Carlo, Marco*
– aus dem Französischen:	*Charlotte, Henriette, Michelle, Pascal, Marcel*
– aus dem Russischen:	*Tanja, Lena, Sascha, Natascha, Wladimir*
– aus dem Hebräischen:	*Anna, Benjamin, Hanna, Jakob, Sara(h)*
– aus dem Lateinischen:	*Paul, Fabian, Julia, Clara, Lukas, Martin*

!

Einige **Vornamen**, die durch die Verbreitung des Christentums nach dem 12. Jahrhundert bekannt wurden, gibt es in vielen Ländern, z. B.:

- **Maria** (*hebräisch:* Bitterkeit, Betrübnis)
  England: *Mary*; Frankreich: *Marie, Manon*; Italien: *Mariella, Marita, Marina*; Niederlande: *Maike*; Russland: *Maria, Marja, Mascha*; Deutschland: *Maria, Marie*.
- **Peter** (*griechisch:* Fels, Stein)
  England: *Peter*; Frankreich: *Pierre*; Italien: *Pietro, Piero*; Spanien: *Pedro*; Niederlande: *Petrus, Pieter*; Schweden: *Per*; Russland: *Pjotr*.

6 Manche Vornamen sind eng miteinander verwandt, wie z. B. *Alexander, Alexandra, Alex, Axel.*
Suche aus den folgenden Vornamen die miteinander verwandten heraus. Schreibe sie in dein Heft.

Erich – Franziska – Johanna – Heike – Fränze – Johannes – Florian – Hannes – Franz – Hanne – Erik – Franziskus – Hanna – Erika – Flora – Heiko – Hans – Floriane – Hanno

TIPP
Hier kannst du wieder ein Vornamenbuch zu Hilfe nehmen.

7 Aus vielen Vornamen entstanden in der Umgangssprache Kurzformen, wie z. B. *Stefanie – Steffi, Christian – Chris, Christina – Tina.*
Trage selbst einige Beispiele für männliche und weibliche Vornamen und daraus gebildete Kurzformen zusammen. Schreibe sie auf.

Familiennamen

1 Untersucht die Familiennamen in eurer Klasse.

a Versucht herauszufinden, worauf sie zurückzuführen sind.

b Die ursprüngliche Bedeutung vieler Familiennamen kann man ableiten. Bei anderen erkennt man die alte Bedeutung nicht sofort. Lies die folgende Übersicht.

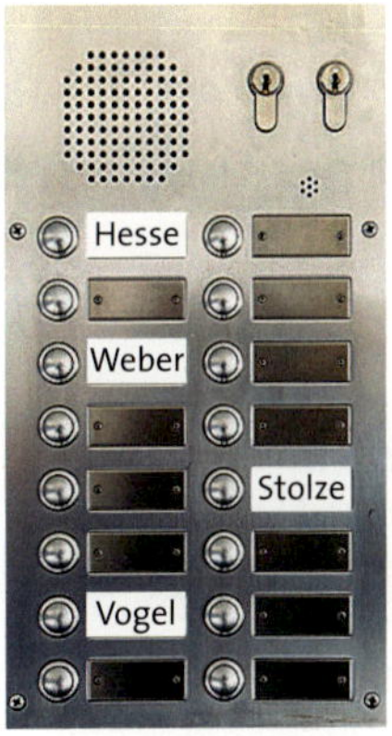

Familiennamen entstanden z.B. aus folgenden Bezeichnungen:
- geografische Herkunft:
  Pole, Hesse, Franke, Meißner, Schlesinger, Nürnberger
- Berufe:
  Müller, Becker, Bauer, Koch, Zimmermann, Kaufmann, Weber
- Wohnstätten:
  Kuhle, Bachmann, Schönberg, Goldstein
- besondere körperliche und charakterliche Eigenschaften:
  Breitkopf, Lange, Große, Schwarzkopf, Stolze
- Tiere oder Pflanzen:
  Hecht, Kohlhase, Vogel, Blume, Pfefferkorn
- Vornamen:
  Friedrich, Rudolf, Heinze, Konrad, Michaelis, Albrecht

c Übertrage die folgende Tabelle in dein Heft.
Ordne die Familiennamen in die richtige Spalte ein.

Amtmann – Rudolf – Braune – Baumgarten – Bär – Haferkorn – Bach – Meise – Ehrlicher – Werner – Fleischer – Hecht – Gabriel – Ansorge – Schweitzer – Rosenbaum – Tannenberger – Frühauf – Heinrich – Baumann – Gärtner – Sachse – Wege – Goldschmidt – Kleiner – Wolfermann – Schwarze – Größer – Beyer – Busch – Kühne – Sünder – Weiß – Köhler – Grobstich – Fuchs – Starke

Herkunft	Beruf	Wohnstätte	Eigenschaft	Pflanze/ Tier	Vorname
...	Amtmann	...	...	...	...

TIPP
Wenn du deinen Familiennamen nicht einordnen und erklären kannst, schlage in einem Familiennamenbuch nach.

d Trage nun alle Familiennamen von Klassenkameraden, Familienmitgliedern oder Freunden in die Tabelle ein, die du mithilfe der Übersicht erschließen kannst.

2 Sieh dir den folgenden Auszug aus einem Familiennamenbuch genau an und löse folgende Aufgaben.

1. Was bedeuten die Namen *Gawe, Gawron*?
2. Was kannst du über den Namen *Geier* herausfinden?
3. Was erzählt uns der Name *Geigenmüller*?

ahd. – althochdeutsch
alem. – alemannisch
HN – Herkunftsname
KF – Kurzform
mda. – mundartlich
mhd. – mittelhochdeutsch
nd. – niederdeutsch
ON – Ortsname
PN – Personenname
RN – Rufname
ÜN – Übername
WN – Wohnstättenname

Gauß, Gaus ÜN zu alem. *gaus*, nd. *goos, gans* ›Gans‹ oder KF Gawiso zu RN auf ahd. *gawi*, mhd. *gon, göv* ›Gan‹.

Gawalek → Galikowsky

Gawe 1502 Gawe. ÜN zu poln. mda. *gawa* ›Geplauder‹ oder KF zu *Gaweł* → Galikowsky.

Gawellek, Gawliczek, Gawlik, Gawlista, Gawlitza → Galikowsky

Gawron 1369 Gawron. ÜN zu poln. *gawron* ›Saatkrähe‹.

Geidel, Geider 1293 Gudel, 1380 Geuder, 1480 Gewdel. ÜN zu mhd. *giudel, giuder* ›Prahler, Verschwender‹.

Geier, Geyer 1255 Gīr, 1356 zem Gyren. ÜN zu mhd. *gīr* ›Geier‹ für den Habgierigen, Fresssüchtigen oder WN als HausN oder HN zum ON *Geyer.*

Geigenmüller 1583 Geigen Muller. Typisch vogtl. PN, *Müller der Geigenmühle am Geigenbach* b. Werda/Vogtl., Klammerform *Geigen(bach)müller.*

!

Familiennamen sind entstanden, als die Ansiedlungen der Menschen wuchsen und Städte gebaut wurden. Da nun mehrere Menschen mit dem gleichen Vornamen aufeinandertrafen, kam es bald zu Verwechslungen. Man musste zur Unterscheidung einen Beinamen hinzufügen.
Familiennamen entstanden natürlich nicht von einem Tag auf den anderen, sondern bildeten sich über Generationen hinweg heraus. Zwischen dem 13. und 16. Jahrhundert wurden aus diesen Beinamen feste Familiennamen.

3 Ein altes lateinisches Sprichwort lautet »nomen est omen«. Das bedeutet, dass ein Name etwas über den Menschen aussagt, der ihn trägt.

a Zu welcher Zeit hat ein Name (Vor- oder Familienname) etwas über den Menschen ausgesagt?

b Überlege, wann das Sprichwort entstanden sein könnte.

c Ist es heute noch gültig? Begründe deine Meinung.

Orts- und Flurnamen

1 Sammelt Ortsnamen aus eurer Umgebung und versucht zu erklären, warum die Orte gerade diese Namen tragen.

TIPP
Nehmt eine Karte zu Hilfe.

!

Die meisten **Ortsnamen** im deutschsprachigen Raum sind vor langer Zeit entstanden. Die Menschen gaben ihren Siedlungen, Dörfern und Städten Namen, die auf das Besondere des Ortes hinwiesen.
Im Osten unseres Sprachraumes gibt es viele Namen slawischer Herkunft. Man erkennt sie an bestimmten Endungen, z. B.:

- **-in, -en**: *Berlin, Fehrbellin, Guben, Bautzen,*
- **-ow**: *Malchow, Lüchow, Pankow, Treptow,*
- **-itz, -itzsch, -witz**: *Görlitz, Delitzsch, Zinnowitz.*

Oft bestehen Ortsnamen aus Bestimmungswort, Grundwort und einem Fugenelement, z. B.:
Mühl-hausen, Neugatter-s-leben, Wolf-s-burg.

→ S. 147 Wortbildung

2

a Erkläre die Bedeutung der Ortsnamen. Nutze dazu die Tabelle.

Schiffdorf – Fürstenwalde – Waldheim – Oberhausen – Bremerhaven

häufig vorkommende Bestimmungswörter	häufig vorkommende Grundwörter
geografische Besonderheiten: *Berg-, Tal-, Fluss-, Erz-, Stein-, Wald-;* Herkunft von Personen: *Sachsen-, Schiffer-, Franken-, Graf-;* Tiere: *Hase-, Vogel-, Hirsch-, Eber-;* Pflanzen: *Eich(en)-, Buch(en)-;* Lagebezeichnungen: *Ober-, Burg-;* Flüsse: *Havel-, Oder-, Rhein-;* Wirtschaft: *Mühl-, Hafen-, Markt-;* besondere Kennzeichen: *Schön-, Neu-*	*-hausen* (kleine Siedlung) *-berg/-bergen* (Siedlung auf Anhöhe) *-burg* (befestigte Siedlung) *-furt* (Siedlung an einer Furt) *-dorf, -druf, -torf* (unbewaldete Fläche) *-leben* (zurückgelassener Ort) *-roda, -rode* (Ort nach Waldrodung) *-ruhe* (Grab eines Herrschers)

TIPP
Du kannst einen Atlas oder eine Deutschlandkarte zu Hilfe nehmen.

b Finde weitere Beispiele für Ortsnamen, die aus solchen häufig vorkommenden Grund- und Bestimmungswörtern entstanden sind.

3 Es gibt Städte, die haben einen Beinamen, der wegen einer berühmten Persönlichkeit oder einer wirtschaftlichen Besonderheit hinzugefügt wurde. Finde heraus, welche Städte folgende Beinamen haben.

– Händelstadt – Volkswagenstadt	– Baumkuchenstadt – Marzipanstadt	– Messestadt – Mozartstadt

4 Solche Wegweiser hast du sicherlich schon gesehen. Was bezeichnen die Namen?

!

Flurnamen bezeichnen ein Gebiet, wo keine Menschen wohnen, z. B. Felder, Wälder, Wiesen, Flüsse, Seen, Teiche, Berge oder Gebirge. Diese Namen sind sehr alt und weisen auf ein ganz bestimmtes Merkmal dieser Gegend hin. Heute dienen Flurnamen zur Orientierung auf Landkarten. Flurnamen können etwas aussagen über:

- die Lage: *Halberstädter Berg, Marklingeroder Holz,*
- die Nutzung: *Mühlental, Krautenberg, Eichenberg,*
- die natürliche Beschaffenheit: *Steinerne Renne, Sandberg,*
- den einstigen Besitzer: *Armeleuteberg, Herzogweg, Schmiedeberg,*
- ein besonderes Merkmal: *Mönchsbuche, Grenzklippe, Pferdekopf.*

5 Suche im Kartenausschnitt Flurnamen und schreibe sie in dein Heft. Deute sie.

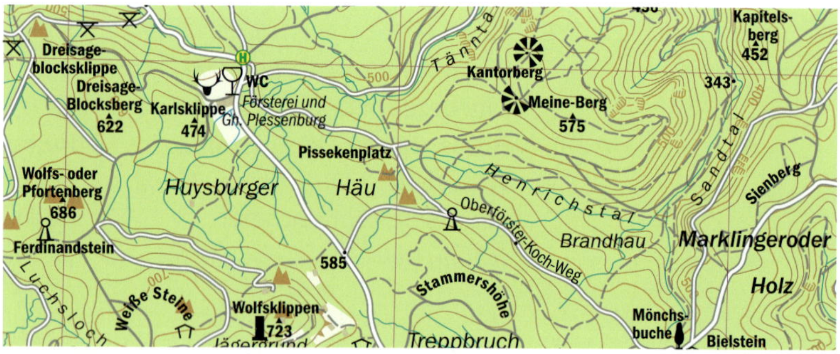

TIPP
Bezieht auch die Geschichte, Sagen und Legenden ein. Befragt eure Großeltern und Eltern.

6 Stellt mithilfe einer Wanderkarte Flurnamen aus eurer Umgebung zusammen. Erklärt ihre Bedeutung.

Wortarten und Wortformen

Nomen/Substantive

1

a Was kannst du auf dem Foto alles entdecken?
Übertrage die folgende Tabelle in dein Heft und schreibe die Wörter für alle Lebewesen und Gegenstände mit ihrem Artikel im Singular (Einzahl) in die entsprechende Spalte.

männlich (Artikel: ein/der)	**weiblich** (Artikel: eine/die)	**sächlich** (Artikel: ein/das)
…	die Ratte Rémy …	ein Regal …

b Zu welcher Wortart gehören diese Wörter? Begründe deine Meinung.

!

Nomen/Substantive bezeichnen Lebewesen, Gegenstände, aber auch Orte, Ereignisse und Gefühle, z. B.:
der Küchenjunge, die Ratte, der Topf, die Küche, das Erlebnis.
Nomen haben ein grammatisches **Geschlecht (Genus)**, das du am Artikel als Begleiter des Substantivs erkennen kannst. Sie sind männlich, weiblich oder sächlich, z. B.:
der Löffel, die Schüssel, das Sieb.
Nomen schreibt man **mit großem Anfangsbuchstaben**.

2 Ordne die folgenden Nomen danach, was sie bezeichnen.

Koch – Freude – Kino – Wut – Kochbuch – Gewürz – Publikum – Filmstar – Nudel – Nagetier – Glück – Messer – Gabel – Ofen – Gast – Zucker

Lebewesen: der Koch, … *Gefühl: die Freude, …*
Gegenstand: … *Ort: …*

3 Was verraten dir die folgenden Nomen über die Zahl der Gegenstände? Übertrage die Tabelle in dein Heft, ordne zu und begründe.

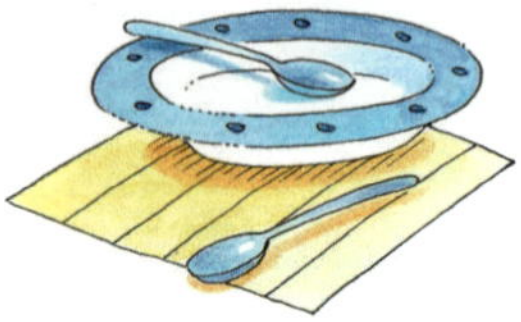

Backofen – Kochrezepte – Herd – Messer – Töpfe – Pfannen – Teller – Hotels – Bestellung – Computer – Mikrowelle – Tische – Schneidebretter – Löffel

Singular (Einzahl)	Plural (Mehrzahl)	nicht eindeutig
Backofen …	…	Messer …

!

Jedes Nomen/Substantiv tritt in einer bestimmten **Zahl (Numerus)** auf.
Die meisten Nomen haben eine Form für den **Singular** (Einzahl) und eine andere Form für den **Plural** (Mehrzahl), z. B.:
der Koch – die Köche, die Pfanne – die Pfannen, das Glas – die Gläser.
Bei gleicher Form für Singular und Plural markieren andere Wörter die Zahl, z. B.:
das Messer – mehrere Messer, der Computer – die Computer.

4

a Welche Nomen der Aufgabe 2 haben eine eigene Pluralform? Notiere sie und markiere die Pluralsignale.

der Koch – die Köche, …

b Schreibe die Wörter heraus, die keine Pluralform haben. Erkläre, warum das so ist.

TIPP
Wenn du unsicher bist, schlage in einem Wörterbuch nach.

5 Einige Nomen haben nur eine Singular- oder nur eine Pluralform.

a Ordne die folgenden Nomen zu und schreibe sie in dein Heft.

das Obst – die Ferien – die Leute – die Butter – das Schmalz – die Milch – die Spagetti – das Gemüse – das Salz – das Eis – der Hunger – die Wärme – die Jeans

nur Singular: das Obst, …
nur Plural: die Ferien, …

b Ergänze mindestens ein eigenes Beispiel in jeder Gruppe.

→ S.132 Subjekt
→ S.135 Objekt (Ergänzung)

!

Nomen/Substantive werden im Satz in unterschiedlicher Funktion verwendet und deshalb gebeugt: Sie stehen dann immer in einem bestimmten **Fall (Kasus):**
Nominativ, Genitiv, Dativ oder **Akkusativ**.
Die Bildung der vier Fälle heißt **Deklination** (Verb: deklinieren).

Der Küchenjunge	← **Wer?** Nominativ	schneidet	**Was?** Akkusativ →	den Braten.
Das Restaurant	← **Was?** Nominativ	gehört	**Wem?** Dativ →	einem Meisterkoch.

6

a Wählt aus den folgenden Nomen passende aus und ersetzt in den Beispielen aus dem Merkkasten die Nomen im Akkusativ bzw. Dativ. Lest euch die Sätze gegenseitig vor.

der Speck – der Sellerie – das Gemüse – der Rotkohl – der Kuchen
sein Kollege – der Kellner – die Köchin – eine Familie

TIPP
Nutzt die Frageprobe.

b Ersetzt das Verb im ersten Beispiel aus dem Merkkasten auf S. 109 durch die folgenden Verben. Nennt den Fall, den das Verb jeweils nach sich zieht.

garnieren – würzen – teilen – kosten – servieren

Der Küchenjunge garniert den Braten.
(Wen/Was? Akkusativ)

7 Hier fehlt eine wichtige Information. Frage mit *Wen?* oder *Was?* und füge das passende Nomen im Akkusativ ein.

der Handel – der Ratschlag – kein Hund – ein Käfig – der Filmstar

1 Der Zeichentrickfilm »Ratatouille« hat ■ mit Hausratten belebt.
2 Die jungen Kinobesucher haben ■ offenbar ins Herz geschlossen.
3 Jetzt wollen viele Kinder ■ mehr, sondern eine Ratte.
4 Zoologen geben ■, Ratten paarweise zu halten.
5 Männchen und Weibchen dürfen sich aber auf keinen Fall ■ teilen, denn Rattenweibchen bringen alle drei Wochen bis zu 15 Babys zur Welt.

8 Wähle das passende Verb aus, setze es ein.
Nenne den Fall, den es verlangt.

ähneln – helfen – gefallen – entsprechen – missfallen – schmecken

1 Einzelhaltung ■ nicht dem Wesen von Ratten. **2** Einem Rattentier ■ alles Essbare. **3** Ein schmutziger Käfig ■ dem Nager. **4** Ratten ■ in ihrer Reinlichkeit den Katzen.

9 Dativ oder Akkusativ? Stelle die passende Frage und nenne den Fall, in dem das Nomen stehen muss. Wähle dann die richtige Variante aus.

1 Der Film »Ratatouille« erhielt ■ (einem »Oscar« / einen »Oscar«).
2 Die Mitglieder der amerikanischen Filmkunst-Akademie kürten ■ (dem Kinohit / den Kinohit) zum besten Animationsfilm des Jahres.
3 Die Ratte Rémy verehrt ■ (einem Meisterkoch / einen Meisterkoch).
4 Das Schicksal verschlägt ■ (dem Rattenjungen / den Rattenjungen) in dessen Restaurant in Paris.
5 Dort hilft Rémy ■ (einem Küchenjungen / einen Küchenjungen).

1. Wen/Was erhalten? – Akkusativ: einen „Oscar"

Artikel als Begleiter von Nomen/Substantiven

1

a Lies die folgenden Sätze.

1 Jedes Jahr sterben weltweit ca. 20 000 Menschen an den Folgen einer Minenexplosion. **2** Die Suche nach Landminen ist teuer, ihre Beseitigung auch und dazu sehr gefährlich. **3** Arme Länder wie Mosambik oder Tansania haben einen Ausweg gefunden. **4** Dort werden afrikanische Beutelratten als Minensucher trainiert. **5** Mit ihrem Gewicht kann eine Ratte keinen Sprengsatz auslösen. **6** Immer wenn die Ratte den Sprengstoff TNT schnüffelt, also einen Bestandteil der Minen, erhält sie ein Stück Banane oder eine Erdnuss zur Belohnung. **7** So wird sie ganz wild darauf, die Minen aufzuspüren. **8** Denn der Geruch bedeutet, dass es gleich Futter gibt.

b Übertrage die folgende Tabelle in dein Heft. Die Nomen mit ihren Begleitern sind im Text bereits unterstrichen. Ordne sie richtig ein.

Nomen mit bestimmtem Artikel	Nomen mit unbestimmtem Artikel	Nomen mit weiterem Begleiter
den Folgen	…	ihre Beseitigung

!

Nomen/Substantive können **als Begleiter Artikel** bei sich haben:
- einen **unbestimmten Artikel**, z. B.:
  Kennst du einen Trickfilm? (Akkusativ)
- einen **bestimmten Artikel**, z. B.:
  Er gewann den »Oscar«. (Akkusativ)

Artikel lassen sich deklinieren und passen sich dem Nomen in Geschlecht (Genus), Fall (Kasus) und Zahl (Numerus) an. Den **unbestimmten** Artikel verwendest du, um Lebewesen und Gegenstände neu ins Gespräch oder in den Text einzuführen. Den **bestimmten Artikel** verwendest du für Lebewesen oder Gegenstände, die schon bekannt oder im Text bereits eingeführt worden sind, z. B.:
Ein amerikanischer Trickfilm hat den »Oscar« gewonnen. Der Film »Ratatouille« von Brad Bird handelt von einer Ratte.

2 Bestimmter oder unbestimmter Artikel? Setze ein und begründe.

1 In Mosambik stecken tausende Landminen im Boden. Sie sind nicht zu sehen – bis jemand darauf tritt. **2** Oft ist es ■ (ein/das) Kind beim Spielen. **3** Moses ist stolzer Besitzer ■ (einer/der) Minensucher-Ratte. **4** Rantanplan hat ■ (eine/die) Ausbildung von drei Monaten hinter sich und ist nun fit für ■ (einen/den) Einsatz. **5** ■ (Eine/Die) Ratte schnuppert, trippelt hin und her und schnuppert wieder. **6** Da! ■ (Einen/Den) Geruch von Sprengstoff erkennt sie sofort. **7** Sie bleibt stehen und scharrt mit den Krallen. **8** Dann weiß Moses: ■ (Ein/Der) Nager hat wieder ■ (eine/die) Landmine entdeckt. **9** Zur Belohnung erhält Rantanplan ■ (ein/das) Stückchen Banane.

Pronomen als Begleiter oder Stellvertreter von Nomen/Substantiven

1 Wem gehören die Tiere? Ordne sie den Personen zu.
Benenne das Wort in den Sprechblasen, das dir den Besitzer anzeigt.

!

Nomen/Substantive können **als Begleiter Possessivpronomen** bei sich haben.
Possessivpronomen zeigen den Besitz an. Sie lassen sich **deklinieren** und passen sich im Fall dem Nomen an, z. B.:
ich – ***mein****, du* – ***dein****, er/es* – ***sein****, sie* – ***ihr****;*
wir – ***unser****, ihr* – ***euer****, sie* – ***ihr.***
Der Ball gehört ***unserem*** *Hund (Dativ).*
Er sucht ***seinen*** *Hasen (Akkusativ).*

2 Setze das passende Possessivpronomen ein.

1 Lena: Hinterm Baum, ist das nicht ■ Hamster, Serjoscha?
2 Tina: Ich glaube es nicht! ■ Katze sitzt dort auf dem Ast!
3 Paul: ■ Bello hat sich wieder mal unterm Busch verkrochen.
4 Serjoscha: Lena, ■ Kaninchen hat sich im Gebüsch versteckt!

3 Gib die Besitzverhältnisse durch Possessivpronomen wieder.

a Ersetze den schräg gedruckten Artikel durch ein Possessivpronomen. Die Besitzer sind unterstrichen.

1 In Deutschland geben Katzenhalter viel Geld für *die* Lieblinge aus.
2 Früher musstest du für *die* Katze Schlachtereste beim Fleischer holen.
3 Heute kann jeder Katzenhalter individuell auf *den* Liebling eingehen.
4 Aus einem Riesenangebot wähle ich das Futter für *die* Katze aus.
5 Die Industrie hat sich auf nationale Vorlieben eingestellt: Die Schweden bieten *den* Katzen eine große Auswahl an Fisch.
6 Der Franzose gönnt *dem* Katzentier eine Prise Knoblauch.

1. für ihre Lieblinge, 2. ...

b Unterstreiche die eingesetzten Possessivpronomen.

!

Personalpronomen treten **als Stellvertreter** von Nomen/Substantiven auf und erfüllen deren Aufgaben im Satz. Sie lassen sich **deklinieren,** das heißt, sie haben Formen für alle vier Fälle, z. B.:

ich, meiner, mir, mich	*wir, unser, uns, uns*
du, deiner, dir, dich	*ihr, euer, euch, euch*
er, seiner, ihm, ihn	*sie, ihrer, ihnen, sie*
sie, ihrer, ihr, sie	
es, seiner, ihm, es	

Paul sucht seinen Hund. → ***Er sucht ihn.***

4 Tina hat einen Brief geschrieben. Ergänze die Personalpronomen.

1 ■ möchte einen Hasen als Haustier haben, aber meine Eltern sind dagegen. **2** ■ sagen, ■ würde alles annagen. **3** ■ könnten ■ auch nicht genügend Auslauf in der Wohnung bieten. **4** Können ■ einen Rat geben?

5 Über Mark wurde ein Artikel in der Zeitung geschrieben.

a Lies, was der Reporter geschrieben hat.

Früher mochte Mark keine Ziegen. Heute begeistert den 15-Jährigen alles, was bellt oder blökt. Seit einem Jahr lebt der Jugendliche auf dieser Farm, 60 km nördlich von New York. Sie wurde 1948 für misshandelte, missbrauchte oder kriminelle Kinder und Jugendliche gegründet. Mark und die anderen Jugendlichen sind nicht freiwillig hier. Die Sozialfürsorge von NY City hat sie eingewiesen. Mark ist für die Ziegen verantwortlich. Sie bringen dem jugendlichen Gewalttäter Zuneigung entgegen. Das ist eine neue Erfahrung für den Jungen.

→ S. 21 Aus einer anderen Perspektive erzählen

b Gib Marks Geschichte so wieder, wie er sie einem Reporter erzählt haben könnte. Schreibe sie auf. Unterstreiche alle Personalpronomen.

Früher mochte ich keine Ziegen. Heute …

Die Frageprobe anwenden

c Nenne die Nomen, die durch die Personalpronomen vertreten werden, und bestimme deren Fall. Nutze die Frageprobe und notiere auch das Fragewort.

Mark/ich – Wer? Nominativ
den 15-Jährigen/mich – Wen? …

→ S. 27 Einen Text überarbeiten

6 Überarbeite den folgenden Text. Vermeide störende Wiederholungen, indem du Pronomen als Stellvertreter oder Begleiter von Nomen verwendest.

Ratten in US-amerikanischen Städten haben menschliche Vorlieben entwickelt: Am liebsten futtern die Ratten Rühreier oder Makkaroni mit Käse. Die Nager sind eigentlich Vegetarier. Zur Not zählen aber auch Textilien, Insekten oder kleine Vögel zum Futter der Nager. Rattenzähne können binnen eines Jahres etwa 14 Zentimeter lang werden. Indem das Nagetier aber alles anknabbert, was sich nicht wehrt, hält das Nagetier die Beißwerkzeuge des Nagetiers kurz.

Verben

1 Marek beschreibt eine Filmszene.

a Lies seinen Text. Was fällt dir auf?

1 Im Film sieht man, wie der Schimpanse einen Halm aus dem hohen Gras tut.
2 Damit macht er vorsichtig in einem Ameisenhügel herum.
3 Sekunden später tut er den Halm wieder heraus.
4 Viele Insekten machen aufgeregt darauf herum.
5 Die Ameisen tut der Affe wie eine Süßigkeit ins Maul.

b Die Szene hätte Marek anschaulicher beschreiben können. Wähle das passende Wort aus und setze es in der grammatisch richtigen Form ein.

rupfen – streifen – krabbeln – ziehen – stochern

1. rupft, 2. …

c Ordne die Wörter, die du in Aufgabe b eingesetzt hast, der richtigen Wortart zu. Beachte, was die Wörter bezeichnen.

A Gegenstände Nomen	B Eigenschaften Adjektive	C Tätigkeiten Verben

!

Verben bezeichnen Tätigkeiten (was jemand tut), Vorgänge (was geschieht) und Zustände, z. B.:
Tätigkeit: *Tim wird die Schimpansen beobachten.*
Luis fotografierte die Gorillas.
Vorgang: *Die Bananenschalen fielen auf den Boden.*
Zustand: *In einer Ecke schläft ein Orang-Utan.*

2

a Schreibe Verben auf, die bezeichnen, was ein Hund, ein Affe oder ein Singvogel alles kann.

Hunde können bellen, …

b Bestimme, ob sie Tätigkeiten, Vorgänge oder Zustände bezeichnen.

Finite Verbformen (Personalformen)

1 Siri hat eine Postkarte erhalten. Leider ist manches unleserlich, da die Karte nass geworden ist. Ergänze die richtigen Endungen.

Hallo, Siri, 20. September
vielen Dank für das tolle Geschenk! Du schick■ mir ein Buch über Jane Goodall und heute Abend läuf■ ausgerechnet ein Film über diese Affenforscherin im Fernsehen. Ich bewunder■ sie. Dreißig Jahre lang beobachte■ diese Frau wilde Schimpansen im Dschungel von Tansania. Woll■ wir in den Ferien nicht mal wieder in den Tierpark gehen? Was mein■ du?
Liebe Grüße Maike

! Verben haben eine Grundform, den **Infinitiv**, und Formen für die 1., 2. und 3. Person im Singular und im Plural, man nennt sie Personalformen oder **finite Verbformen**, z. B.:

Infinitiv:	*schreiben*	*rufen*	*fragen*	*rennen*
Finite Verbform:	*ich schreibe*	*du rufst*	*er fragt*	*ihr rennt*

Die Veränderung der Verbformen heißt **Konjugation** (Beugung, Verb: konjugieren). Im Satz muss die Endung der finiten Verbform dem Subjekt entsprechen, und zwar in der **Person** und in der **Zahl.**

Subjekt		**finite Verbform**
1. Person Singular:	*Ich*	*spiel – e Fußball.*
2. Person Singular:	*Du*	*spiel – st Schach.*
3. Person Singular:	*Er (Leo) / Sie (Lea)*	*spiel – t Hockey.*
1. Person Plural:	*Wir*	*spiel – en Basketball.*
2. Person Plural:	*Ihr*	*spiel – t Handball.*
3. Person Plural:	*Sie (Die Jungen)*	*spiel – en Streetball.*

2 Schreibe die finiten Verbformen aus Maikes Karte (Aufgabe 1) mit den dazugehörigen Subjekten untereinander. Notiere dazu den entsprechenden Infinitiv.

du schickst – schicken, …

Zeitformen (Tempusformen) von Verben

!

Verben bilden **Zeitformen (Tempusformen)**. Diese sagen aus, ob eine Tätigkeit, ein Vorgang, ein Zustand schon abgeschlossen ist, noch andauert oder sogar erst in der Zukunft stattfinden wird, z. B.:

Präsens	*Ich lese seit einer Stunde. Jane Goodall ist Tierforscherin.*	Gegenwart (andauernd)
Präteritum	*Er las nur Comics.*	Vergangenheit (abgeschlossen)
Perfekt	*Er hat das Buch zu Ende gelesen.*	Vergangenheit (abgeschlossen)
Plusquamperfekt	*Er hatte das Buch ausgeliehen.*	Vergangenheit (abgeschlossen)
Futur	*Sie wird es auch noch lesen.*	Zukunft

1 Übertrage die folgende Tabelle in dein Heft und ordne die unterstrichenen Zeitformen in die richtige Spalte ein.

1 Schau mal, wie geschickt sich der Affe von Ast zu Ast schwingt!
2 Die beiden in der Ecke dort, die mögen sich. Die flöhen sich nämlich.
3 Na ja, vor ein paar Minuten bissen sie sich aber noch.
4 Der freche Kleine hat dem Alten jetzt die Banane geklaut!
5 Der Alte hatte ihm aber vorher einen Apfel abgejagt.
6 Wird er ihm auch noch die zweite Banane wegnehmen?

Gegenwart	Vergangenheit	Zukunft
schwingt	...	...

2 Entscheide dich für eine der beiden Zeitformen und begründe.

1 Seit 1986 ■ (sammelte/sammelt) Jane Goodall Geld, um Schutzgebiete für Schimpansen einzurichten.
2 Jäger ■ (erschießen/erschossen) die erwachsenen Tiere, weil sie für das Affenfleisch viel Geld ■ (bekommen/bekamen).
3 Das ■ (macht/machte) viele Affenbabys zu Waisen.

3 Ergänze in Jane Goodalls Biografie die Verben im Präteritum.

1 Das Mädchen ■ (heißen) Jane Goodall.
2 Es ■ (aufwachsen) in England ■.
3 Es ■ (spielen) am liebsten mit seinem Stoffschimpansen.
4 Als Schulkind ■ (lesen) es die Geschichte von Tarzan.
5 Danach ■ (träumen) das Mädchen vom Leben im Dschungel.
6 Mit 26 Jahren ■ (fahren) sie zum ersten Mal nach Tansania.

TIPP
Verben der Bewegung bilden das Perfekt mit *sein*, alle andern Verben mit *haben*.

!

Präsens und Präteritum sind **einfache Zeitformen**, sie bestehen aus einer einzigen Verbform. Perfekt, Plusquamperfekt und Futur bestehen aus mindestens zwei Verbformen, man nennt sie auch **zusammengesetzte Zeitformen,** z. B.:

einfache Zeitform	zusammengesetzte Zeitform
Präsens	**Perfekt**
ich gehe *er sieht*	*Ich bin ins Schlangenhaus gegangen.* *Was hast du gesehen?* (Präsens von *haben* oder *sein* + Partizip II)
Präteritum	**Plusquamperfekt**
ich ging *er sah*	*Ich war zum Bärengehege gegangen.* *Er hatte die Löwen gesehen.* (Präteritum von *haben* oder *sein* + Partizip II)
	Futur
	Ich werde ins Aquarium gehen. *Er wird die Eisbären sehen.* (Präsens von *werden* + Infinitiv)

4 Tony R. wurde von Delfinen gerettet.

a Lies den Bericht, den er nach seiner Rettung einem Reporter gab.

1 Ich bin an dem Tag ziemlich weit hinausgeschwommen.
2 Auf einmal habe ich neben mir diese typische Flosse gesehen.
3 Ich bin sofort zurückgekrault, aber der Hai ist mir gefolgt und hat mich in Brust, Schulter und Rücken gebissen.
4 Dann haben Delfine den Hai abgedrängt.
5 Damit haben sie die Küstenwache auf mich aufmerksam gemacht.

b Schreibe jeweils die Verbform mit dem Subjekt des Satzes heraus. Markiere die finite Verbform und das Partizip II verschiedenfarbig.

1. Ich bin … hinausgeschwommen. 2. …

c Die Verben stehen alle im Perfekt. Begründe das mithilfe der Merksätze zur Bedeutung und zur Form auf S.117 und S.118.

d Die folgenden Verbformen nennt man Partizip II. Erkläre die Bildung.

geschwommen – gesprungen – gekrault – gewartet – gestört – gesehen – zersprungen – bearbeitet – erwartet – zerstört

5 Vervollständige den Zeitungsbericht durch das Partizip II der folgenden Verben.

angreifen – verlieren – töten – sehen – sperren – beißen

Sydney. Ein 16-jähriger Surfer ist in Australien von einem Hai ■ und ■ worden. Der Jugendliche war mit einem Freund im Wasser, als er von dem Hai mehrfach ins Bein und in den Körper ■ wurde. Sein Freund konnte ihn noch ans Ufer ziehen. Der 16-Jährige hatte jedoch zu viel Blut ■ und erlag seinen Verletzungen. Anwohner im australischen New South Wales haben in jüngster Zeit mehrfach Bullenhaie ■. Deshalb hat die Polizei jetzt die umliegenden Strände ■.

6 Siri und ihre Freunde waren im Tierpark.

a Ergänze die Verben in der richtigen Zeitform.

1 Siri: Wir ■ (beobachten) zuerst die Schimpansen ■.
2 Maike: Dann ■ (gehen) wir zu den Eisbären ■.
3 Erkan: Ich ■ (ansehen) die Leoparden ■.
4 Tom: Ich ■ (zusehen) lange den Seelöwen ■.
5 Tilla: Ich ■ (bleiben) bei den Elefanten ■.

b Hast du einfache oder zusammengesetzte Zeitformen ergänzt? Begründe deine Entscheidung.

7 Welcher Vorgang oder Zustand fand zuerst statt, welcher später?

a Vergleiche die Sätze a und b jeweils miteinander.

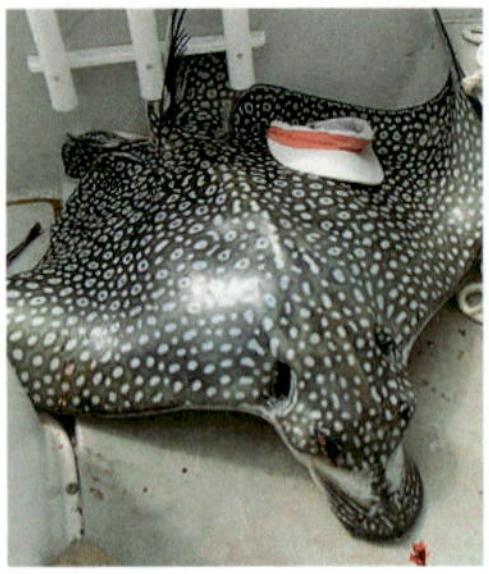

1 a Ein Adlerrochen tötete eine Frau an Bord eines Ausflugsbootes in Florida (USA).
b Der riesige Rochen war vor der Küste Floridas auf ihr Ausflugsboot gesprungen.
2 a Der Fisch erschlug die Frau aus Michigan.
b Sie hatte sich zum Sonnenbaden auf das Schiffsdeck gelegt.
3 a Durch den Zusammenprall mit dem Rochen starb die 55-Jährige.
b Das 35 Kilogramm schwere Tier war mit voller Wucht auf ihren Kopf gefallen.

! Die Zeitform **Plusquamperfekt** bezeichnet bereits abgeschlossene Vorgänge oder Zustände in der Vergangenheit, z.B.:
Sie waren vorher noch nie in einem Aquarium gewesen.
Nachdem sie von dem Unfall gehört hatten, schauten sie sich einen Rochen im Zoo an.

b Untersuche die gelb unterstrichenen Verbformen in Aufgabe a und ergänze die folgende Aussage zur Bildung des Plusquamperfekts.

Das Plusquamperfekt wird aus der finiten Verbform (Präteritum) von *haben* (*hatte, hattest* usw.) oder *sein* (*war, warst, waren* usw.) und dem ■ gebildet.

8 Ergänze die Formen des Plusquamperfekts in der rechten Spalte.

Perfekt	Plusquamperfekt
Ich habe gewartet.	Ich ■ ■.
Er hat aufgepasst.	Er ■ ■.
Ich bin weggefahren.	Ich ■ ■.
Wir sind losgelaufen.	Wir ■ ■.
Ihr seid zurückgekommen.	Ihr ■ ■.
Du hast gefragt.	Du ■ ■.

Leitformen/Stammformen

1

a Übertrage die folgende Tabelle in dein Heft und ergänze sie.

Infinitiv	Präteritum	Partizip II	Infinitiv	Präteritum	Partizip II
fahren		gefahren			geträumt
	las			passte	
		gezogen			gezeigt

b Welche Gemeinsamkeiten in der Bildung kannst du bei den Verben in den weißen bzw. gelben Spalten erkennen? Welche sind die starken Verben, welche die schwachen? Begründe.

!

Nur drei Formen eines Verbs musst du in der Regel kennen, um alle anderen Formen dieses Verbs richtig bilden zu können. Diese drei Leitformen oder Stammformen **sind:** Infinitiv – Präteritum **(1./3. Person Singular)** – Partizip II. **An den Leitformen kannst du starke und schwache Verben unterscheiden:**

starke Verben	schwache Verben
Stammvokal ändert sich Präteritum ist endungslos Partizip II endet auf *-en*	Stammvokal ändert sich nicht Präteritum hat eine Endung *-t* Partizip II endet auf *-t*
fahren – fuhr – gefahren *singen – sang – gesungen*	*lachen – lachte – gelacht* *träumen – träumte – geträumt*

Im Deutschen gibt es heute noch ungefähr 200 starke, sehr alte Verben. Alle neuen Verben werden schwach gebildet, z. B.: *scannen – scannte – gescannt.*

2 Diktiert euch gegenseitig die Leitformen der folgenden Verben.

mailen – leasen – surfen – casten – skaten – joggen – chatten – lasern

3 Schreibe die Leitformen zu folgenden Infinitiven auf.

pfeifen – finden – streiten – wiegen – schwimmen – laufen

Adjektive

1

a Welche der folgenden Eigenschaften verbindest du mit diesen beiden Tieren? Ordne sie zu.

verschmust – klein – niedlich – süß – gierig – grässlich – grauenhaft – gemein – intelligent – sauber – schmutzig – unabhängig – gesellig – anhänglich – eigenwillig – eklig – verfressen – dumm – langweilig – interessant – zutraulich – widerlich – groß – neugierig – lieb – stubenrein – frech – reizend

b Nenne die Wortart, zu der alle diese Wörter gehören.

→ S. 139 Attribut (Beifügung)

!

Adjektive bezeichnen **Eigenschaften** und **Merkmale** von Lebewesen, Gegenständen, Tätigkeiten und Vorgängen. Mit ihrer Hilfe kannst du Nomen/Substantive und Verben genauer beschreiben, z. B.:
Sie beobachtet wilde Schimpansen. Der Schimpanse turnt wild herum.
Als **Begleiter** von Nomen passen Adjektive ihre Form in Fall (Kasus), Zahl (Numerus) und Geschlecht (Genus) dem Nomen an. Sie lassen sich **deklinieren,** z. B.:
*Die **kleinen** Katzen sind 5 Wochen alt.* Wer? Nominativ, Plural, weiblich
*Wir suchen einen **kleinen** Kater.* Wen? Akkusativ, Singular, männlich

2 Ergänze die folgende Beschreibung eines Haustieres durch Adjektive aus Aufgabe 1 a. Entscheide dich bei der Wahl der Adjektive für die Variante A oder B.

A: Du liebst Katzen/Ratten.
B: Du magst Katzen/Ratten nicht.

Liebe Lena,
stelle dir vor, unsere neuen Nachbarn haben eine ■ (Katze/Ratte) als Haustier. Sie nennen sie Blackie. Blackie ist so was von ■! Neulich klingelte ich bei ihnen, da stürzte dieses ■ Tier auf mich zu.

3

a Schreibe die folgenden Sätze ab und ergänze die Adjektive im richtigen Fall.

1 Fast alle Szenen in den Potter-Filmen sind mit ■ (echt) Tieren gedreht worden. **2** Tiertrainer Gary Gero hat auch Hedwig, diesen ■ (wundersam) Vogel, trainiert. **3** Die Schnee-Eule musste sieben Monate trainieren, bis sie den ■ (spektakulär) Flug quer durch die Große Halle des Hogwarts-Internats beherrschte. **4** Aber den ■ (erfahren) Dompteur und sein ■ (fünfköpfig) Team konnte das nicht aus der Ruhe bringen. **5** Sie haben schon die ■ (wild) Hunde in »101 Dalmatiner« gebändigt.

TIPP
Nutze die Frageprobe.

b Bestimme den Fall der Nomen und der Adjektive.

TIPP
*schneller/langsamer **als** ..., genauso schnell/langsam **wie** ...*

4 Sieh dir das Foto genau an. Vergleiche, wer schneller oder langsamer läuft: der Strauß, die Giraffe, das Zebra, die Antilope, der Pavian, der Gepard.

Der Strauß läuft schneller als ...

!

Mithilfe von Adjektiven kannst du Eigenschaften miteinander vergleichen. Die meisten Adjektive lassen sich steigern (**Komparation**, Verb: komparieren) und haben dafür drei Formen:

Positiv (Grundstufe) *ein kleines Haus* *Pia tanzt wild.*
Komparativ (Mehrstufe) *ein kleineres Haus* *Kim tanzt wilder als Pia.*
Superlativ (Meiststufe) *das kleinste Haus* *Mona tanzt am wildesten.*

Mit dem Komparativ verwendet man ***als***, z. B.: *A ist kleiner als B.*
Mit dem Positiv verwendet man ***wie***, z. B.: *A ist (fast) so groß wie B.*

5 Übertrage die folgende Tabelle in dein Heft und ergänze sie.

Positiv	Komparativ	Superlativ
alt	älter	am ältesten
groß	...	...
schön	...	...
jung	...	...
interessant	...	...
gut	...	...

TIPP
jünger/älter ***als*** *...,*
genauso alt ***wie*** *...*

6 Vergleiche das Aufführungsjahr der Filme. Welcher Film ist älter, welcher jünger, welche Filme sind (fast) gleich alt?

Tom und Jerry – der Film 1993
Ein Schweinchen namens Babe 1995
Amy und die Wildgänse 1996
101 Dalmatiner 1996
Findet Nemo 2003
Ratatouille 2007

Präpositionen

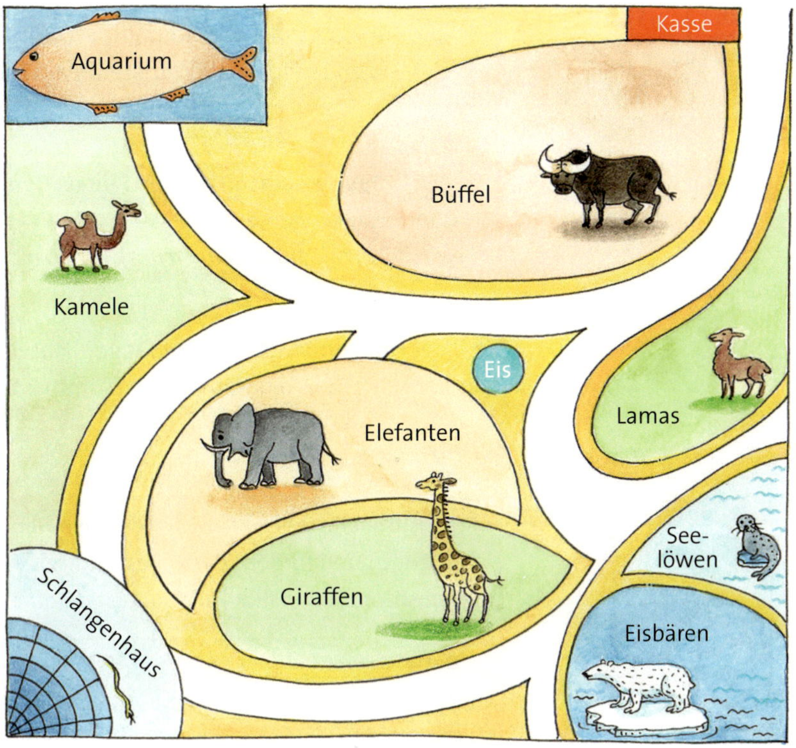

1 Luis interessiert sich für die Eisbären, Lara will ins Aquarium, Anton zu den Büffeln und Tim ins Schlangenhaus. Maria möchte zu den Seelöwen. Wie lassen sich die unterschiedlichen Interessen der fünf unter einen Hut bringen?

a Stelle eine Route zusammen. Es gibt verschiedene Möglichkeiten.

b Dem folgenden Plan fehlen entscheidende Angaben. Setze die Wörter *hinter, in, an, bei, zu* sinnvoll ein und ergänze die Artikel im richtigen Fall.

1 Zuerst gehen sie ■ (das) Schlangenhaus. **2** Auf dem Weg dorthin kommen sie ■ (die) Büffeln vorbei. **3** Danach laufen sie ■ (die) Eisbären. **4** Das Eisbärengehege befindet sich ■ (das) Seelöwenbassin. **5** ■ (der Eingang) des Aquariums warten sie auf ihre Freunde.

c Welche Aufgabe haben die Wörter *hinter, in* usw. im Text? Erkläre sie mithilfe des Merkkastens auf S. 126.

!

Wörter, wie *in, aus, bei, mit, nach, vor, hinter, über, zu*, sind **Präpositionen.** Sie drücken räumliche, zeitliche oder andere Beziehungen zwischen Wörtern und Wortgruppen aus, z. B.: *in meinem Zimmer* (Wo?), *nach der ersten Stunde* (Wann?), *mit dem Stift* (Womit?).
In der Umgangssprache werden Präpositionen und Artikel oft zusammengezogen, z. B.:
beim (bei dem), durchs (durch das), zum (zu dem), ins (in das).

2 Welcher Fall gehört zu welcher Frage? Schreibe die Beispiele aus dem Text der Aufgabe 1 b heraus und bestimme den Fall.

Wohin? ... *Wo? ...*

!

Präpositionen stehen meist *vor* dem Nomen/Substantiv und seinen Begleitern und fordern einen bestimmten Fall. Die wichtigsten Präpositionen und ihre Fälle solltest du dir einprägen, z. B.:

Dativ	Akkusativ
aus, bei, mit, nach, seit, von, zu	*durch, für, gegen, ohne, um*

Um den Fall zu bestimmen, kannst du oft auch die Frageprobe nutzen, z. B.:

***in** einem Waisenhaus* – **Wo?** Dativ ***aus** dem Busch* – **Woher?** Dativ ***am** Heiligabend* – **Wann?** Dativ	***in** die Wildnis* – **Wohin?** *Akkusativ* ***für** ihren Schützling* – **Für wen?** Akkusativ ***um** das Elefantenbaby* – **Um wen?** Akkusativ

TIPP
Nutze dazu auch die Frageprobe:
Wo? → Dativ;
Wohin? → Akkusativ.

3 Wähle die passende Präposition und ergänze die Begleiter der Nomen im richtigen Fall.

in – aus – am – in – nach – bei – um – seit – für – zu

1 ■ (die) Schulferien darf Ida ■ Schweden ■ Kenia fliegen. **2** Dort arbeitet John, ein Freund der Familie, ■ (ein) Waisenhaus für Elefanten. **3** ■ 1977 werden elternlose Dickhäuter dort betreut. **4** Ida kümmert sich ■ (das) Elefantenbaby Madiba. **5** Das Junge wurde verlassen ■ Fluss gefunden.

!

Die **Wechselpräpositionen** *an, auf, hinter, in, neben, über, unter, zwischen, vor* fordern den **Dativ** oder den **Akkusativ**. Welcher Fall richtig ist, hängt vom Verb ab, z. B.:

Der Elefant legt sich in den Schlamm.	Wohin? Akkusativ
Er liegt in dem/im Schlamm.	Wo? Dativ

TIPP
Nutze die Frageprobe.

→ S. 111 Artikel als Begleiter von Nomen/Substantiven

4 Ergänze die bestimmten Artikel im richtigen Fall.

1 Tobias setzt sich auf ■ Tisch.	Fabian sitzt bereits auf ■ Tisch.
2 Lea geht in ■ Wohnzimmer.	Rita sitzt bereits in ■ Wohnzimmer.
3 Ahmed rennt hinter ■ Baum.	Er versteckt sich hinter ■ Baum.
4 Der Kater flitzt unter ■ Regal.	Er liegt jetzt unter ■ Regal.
5 Er hängt das Bild über ■ Sofa.	Das Bild hängt jetzt über ■ Sofa.

5 Schreibe aus dem folgenden Text alle Präpositionen mit den dazugehörigen Nomen und deren Begleitern heraus. Ordne sie nach dem Fall.

Dativ: in diesem Film, ...
Akkusativ: für einen Tiertrainer, ...

TIPP
Der Fall ist deutlicher erkennbar, wenn du Nomen im Plural durch Nomen im Singular ersetzt.

1 Einer der schwierigsten Kinofilme für einen Tiertrainer war »Schweinchen Babe«. **2** In diesem Film haben 970 Tiere mitgespielt. **3** Hollywood-Tiertrainer Carl Miller und seine 60 Mitarbeiter begannen bereits acht Monate vor den Dreharbeiten mit dem Training. **4** 48 Ferkel spielten die Hauptrolle Babe, denn die Dreharbeiten liefen über einen Zeitraum von 6 Monaten. **5** Da wäre aus einem kleinen Ferkel längst ein ausgewachsenes Schwein geworden. **6** Carl Miller hält nichts vom Bestrafen. **7** Seine Tiere haben die Kunststücke nur durch ständige Belohnungen gelernt.

Satzbau und Zeichensetzung

Satzarten und ihre Satzschlusszeichen

1 Der Clown Emil wirft alle Begriffe durcheinander.
Ihr wisst schon vieles über den Satzbau. Überlegt, was euch zu diesen Wörtern einfällt. Tauscht euch darüber aus.

2

a Der folgende Text ist schwer zu lesen. Finde heraus, warum.

Achtung, Fehler!

Warum ist die Zirkusmanege rund das Wort *Zirkus* stammt aus dem Griechischen/Lateinischen und bedeutet »Kreis« meistens hat die Manege einen Durchmesser von 13 Metern das ist ein günstiges Maß, um Pferde im Kreis laufen zu lassen in einer viereckigen Manege hätten die Pferde Schwierigkeiten beim Laufen was würde in einem kleineren Kreis passieren die Pferde würden sich zu sehr in die Kurve legen die Artisten könnten dann auf dem Pferderücken sehr schlecht ihre Kunststücke zeigen achte beim nächsten Zirkusbesuch einmal bewusst auf Größe und Form der Manege wie bewegen sich Pferde und Akrobaten im Zirkusrund

b Stelle fest, wo die einzelnen Sätze enden, und begründe, welche Zeichen am Ende stehen müssen.
Lies anschließend den Text laut vor.

3

a Lies die folgenden Sätze, die Clown Emil sagen könnte.

1 Ich bin der Clown Emil vom Zirkus »Riballo«
2 Kennt ihr meinen Zirkus schon
3 Kommt alle herein und schaut euch unsere Vorstellung an
4 Bei uns arbeiten viele Artisten und Dompteure
5 Habt ihr schon einmal selbst versucht zu jonglieren
6 Im Zirkus »Riballo« gibt es Löwen und Elefanten
7 Seht euch unsere Fußball spielenden Hunde an
8 Der Zirkusdirektor wird die Vorstellung eröffnen
9 Welche Artisten gefallen euch am besten
10 Kommt alle in unseren Zirkus
11 Wann wart ihr das letzte Mal im Zirkus
12 Wir halten viele Überraschungen für euch bereit

b Clown Emil sagt nicht nur etwas aus, er fragt auch und fordert auf. Suche die entsprechenden Sätze und schreibe sie mit Punkt, Fragezeichen oder Ausrufezeichen ab.

!

Der Satzbau und die Satzart sind abhängig von der Absicht des Schreibers bzw. Sprechers.

- Um etwas mitzuteilen, bildet man einen **Aussagesatz**, in dem die finite (gebeugte) Verbform an zweiter Stelle steht, z. B.:
  Ich gehe gern in den Zirkus. Das Zirkuszelt ist riesengroß und bunt.
  Satzschlusszeichen: Punkt
- Um etwas zu erfahren, bildet man einen **Fragesatz**. Fragen können mit einem Fragewort (z. B. *wer, was, wie, wann, wo, warum*) oder mit einer finiten (gebeugten) Verbform beginnen, z. B.:
  Wo spielt der Zirkus? Wann beginnt heute die Vorstellung?
  Gehst du morgen mit mir in den Zirkus? Hast du deinen Platz schon gefunden?
  Satzschlusszeichen: Fragezeichen
- Wenn man jemanden zum Handeln auffordern will, bildet man einen **Aufforderungssatz.** Er kann einen Befehl, einen Wunsch oder eine Bitte ausdrücken. Diese Sätze beginnen mit der finiten (gebeugten) Verbform, z. B.:
  Mach sofort die Tür zu!
  Gib mir bitte die Eintrittskarten. Gebt mir doch bitte dieses Buch.
  Satzschlusszeichen: Ausrufezeichen (nachdrückliche Aufforderung, vor allem Befehl), Punkt

Bau des einfachen Satzes

1 Einfache Sätze bestehen aus Wörtern und Wortgruppen. Du kannst sie, je nach Aussageabsicht, im Satz unterschiedlich anordnen.

Clown Emil | betrat | als Erster | die Manege.

a Stelle den Aussagesatz mehrfach um. Wie viele Möglichkeiten gibt es? Übertrage die folgende Tabelle in dein Heft und ergänze sie.

1. Stelle	2. Stelle	3. Stelle	4. Stelle
Clown Emil	betrat	...	...

b Überlege, welche Wirkung du durch die Umstellung erreichen kannst.

c Stelle fest, welches Wort beim Umstellen immer an der gleichen Stelle stehen bleibt.

! Die meisten Wörter oder Wortgruppen eines Aussagesatzes kann man umstellen. Eine Ausnahme macht nur die finite (gebeugte) Verbform. Sie steht im Aussagesatz immer an der zweiten Stelle. An der ersten Stelle, also vor der gebeugten (finiten) Verbform, kann immer nur *ein* Wort oder *eine* Wortgruppe, also *ein* Satzglied stehen. Alle weiteren Satzglieder folgen nach der gebeugten (finiten) Verbform. Deshalb hilft dir die **Umstellprobe**, die Anzahl der Satzglieder eines Satzes zu ermitteln. Zu einem **Satzglied** gehören jeweils die Wörter, die sich nur zusammenhängend verschieben lassen, z. B.:
Clown Emil betrat die Manege.
Die Manege betrat Clown Emil.

2

Die Umstellprobe anwenden

a Ermittle mithilfe der Umstellprobe die Anzahl der Satzglieder in den folgenden Sätzen.

1. Die Kapelle spielte zur Begrüßung einen Tusch.
2. Die Manege erstrahlte in leuchtenden Farben.
3. Der Zirkusdirektor begrüßte am Anfang der Vorstellung das Publikum.
4. Die zahlreichen Besucher dankten den Artisten für ihre atemberaubenden Kunststücke.

b Lies die Sätze mit unterschiedlicher Betonung vor. Welche Wirkung kannst du durch die Umstellung der Satzglieder im Satz erzielen?

! Um einen Text flüssiger und verständlicher zu gestalten, solltest du darauf achten, dass an der ersten Stelle im Satz jeweils das Satzglied steht, das sich auf den vorhergehenden Satz bezieht oder das für diesen Satz besonders wichtig ist, z. B.:
Die Reiter stürmten auf ihren geschmückten Pferden in die Manege.
Dort wurden sie mit jubelndem Beifall empfangen.
Lautstark wurden sie von den Zuschauern begrüßt.

3 Schreibt gemeinsam einen einfachen Satz auf, der möglichst viele sinnvolle Satzglieder hat. Schreibt mit großen Druckbuchstaben, ermittelt mithilfe der Umstellprobe die Satzglieder und zerschneidet dann den Satz in die einzelnen Satzglieder. Nun reicht ihr den zerschnittenen Satz an die Schülerinnen und Schüler der nächsten Bank weiter, damit sie euren Satz in möglichst vielen verschiedenen Varianten wieder zusammensetzen können. Ihr bekommt selbstverständlich auch einen Satz, den ihr wieder »zusammenbasteln« könnt.

→ S.30
Einen Text überarbeiten (Satzbau)

4 Tino erzählt im folgenden Text über einen Zirkusbesuch. Beim Lesen wirst du merken, dass dieser Teil von Tinos Schilderung nicht sehr flüssig geschrieben ist. Versuche, den Text durch das Umstellen einiger Satzglieder besser lesbar zu machen.

Ich war gestern mit meinen Großeltern im Zirkus. Ich hatte mich schon lange auf diesen Besuch gefreut. Wir hatten sehr gute Plätze. Wir konnten die ganze Manege übersehen. Ich saß schon lange vor Beginn der Vorstellung sehr aufgeregt auf meinem Platz. Der Zirkusdirektor kam endlich. Er begrüßte uns mit einer kurzen Ansprache. Die Vorstellung begann mit einer Pferdedressur. In die Manege liefen fünf schwarze und fünf weiße Pferde. Auf dem Rücken der Pferde zeigten zwei Artisten waghalsige Kunststücke. Ich hielt beim Zuschauen manchmal den Atem an. Ein gelungener Auftakt war diese Nummer. Wir spendeten lange Beifall.

Subjekt

1 Welche wichtige Information fehlt hier?

a Ergänze die folgenden Sätze.

1 ■ hat eine dicke rote Nase.
2 ■ klatschen begeistert Beifall.
3 ■ ist mit Sägespänen ausgefüllt.
4 ■ wirbelt zehn brennende Fackeln herum.
5 ■ lässt einen Menschen von der Bühne verschwinden.
6 ■ schüttelt seine Mähne und faucht den Dompteur an.
7 ■ fliegt mit einem dreifachen Salto durch die Zirkuskuppel.
8 ■ trompeten laut zur Begrüßung und schwenken ihre Rüssel.

b In allen Sätzen fehlte das Subjekt. Stelle drei deiner ergänzten Sätze so um, dass das Subjekt nicht mehr an erster Stelle vor dem finiten Verb steht.

c Hier stimmt etwas nicht. Der zweite Teil des Satzes passt nicht zum Subjekt. Ordne die Teile richtig zu.

Zwölf rassige Pferde	schaukelten gemütlich durch die Manege.
Die Musiker	ließ einen Tiger verschwinden.
Die Dickhäuter	flogen waghalsig durch die Luft.
Die Messerwerfer	stritten sich um ihre Mützen.
Zwei Clowns	watschelten hinter ihrem Dompteur her.
Die Pinguine	galoppierten in die Manege.
Die Trapezkünstler	begrüßten das Publikum mit einem Tusch.
Der Zauberer	zielten haarscharf am Kopf ihres »Opfers« vorbei.

Die Frage- probe nutzen

d Suche im Text der Aufgabe 3 auf S. 131 die Subjekte heraus, indem du mit *Wer?* oder *Was?* danach fragst.

! Das Satzglied **Subjekt** ist der Satzgegenstand des Satzes. Über das Subjekt wird etwas ausgesagt. Es steht in der Regel im Nominativ. Man fragt mit *Wer?* oder *Was?* danach, z. B.:

Die meisten Kinder gehen gern in den Zirkus.	Wer?
Am Schluss der Vorstellung kamen alle Artisten noch einmal in die Manege.	Wer?
Alle Plätze waren besetzt.	Was?

Prädikat

1 Prädikate werden in der Regel durch Verben ausgedrückt.

a Wähle ein passendes Verb aus und ergänze damit die folgenden Sätze.

beobachten – bewundern – essen – erwarten – gehen – betrachten – jubeln – lachen – staunen

1 Die meisten Kinder ■ gern in den Zirkus.
2 Sie ■ über die Späße der Clowns.
3 Sie ■ die Geschicklichkeit der Artisten.
4 Sie ■ über die Kunststücke der Magier.
5 Sie ■ mit Spannung die Tierdressuren.
6 Sie ■ in der Pause gern Eis.
7 Sie ■ genau die Kostüme der Musiker.

b In welchen Sätzen sind verschiedene Verben möglich?

!

Das Satzglied **Prädikat** sagt etwas über das Subjekt aus (**Satzaussage**). **Subjekt** und **Prädikat** sind die beiden Hauptbestandteile eines Satzes. Sie bilden den Satzkern. Sie werden mithilfe von Fragen bestimmt, z. B.:

Der Artist	*jongliert mit bunten Bällen.*
Wer/Was?	Was wird ausgesagt?
Subjekt	Prädikat

Wenn das Prädikat nur aus dem finiten (gebeugten) Verb besteht, nennt man es **einteiliges Prädikat**.

→ S. 117 Zeitformen (Tempusformen) von Verben

2 Wähle ein passendes Verb aus und setze es als einteiliges Prädikat ein. Welche beiden Zeitformen des Verbs kannst du bilden? Schreibe die Sätze in dein Heft.

schwenken – galoppieren – besuchen – kaufen – balancieren

1 Die Zuschauer ■ die Tierschau.
2 Leon ■ eine Eintrittskarte.
3 Der Elefant ■ seinen Rüssel.
4 Die Robbe ■ bunte Bälle auf der Nase.
5 Ein Schimmel ■ durch die Manege.

!

Das **mehrteilige Prädikat** besteht aus der finiten (gebeugten) Verbform und anderen, infiniten (ungebeugten) Verbformen (Partizip II, Infinitiv) oder weiteren Wörtern, z. B.:
Viele Künstler sind aufgetreten. Der Zauberer hat uns am besten gefallen. Anne sollte zu ihm in die Manege kommen. Die Clowns steckten uns mit ihrem Lachen an.
Das mehrteilige Prädikat kann andere Satzglieder einrahmen. Dann bildet es einen **prädikativen Rahmen.**

3 Bestimme die mehrteiligen Prädikate in den folgenden Sätzen.

1 Anne und Robin sind gestern im Zirkus gewesen.
2 Sie haben sich schon lange darauf gefreut.
3 Vor der Vorstellung sahen sie sich die Tierschau an.
4 Dann haben sie eine Weile nach ihren Plätzen gesucht.
5 Am besten haben ihnen die Tierdressuren gefallen.
6 Robin sollte zum Zauberer in die Manege kommen.
7 Der Zauberer hat ihm sein Handy weggezaubert.
8 Anne und Robin haben begeistert von der Vorstellung erzählt.

4

a Lies den folgenden Text.

1 Alle Zirkusfreunde kennen den Zirkus »Sarrasani«. **2** Seine Ursprünge liegen in Sachsen, in Radebeul und Dresden. **3** Der Gründer hieß Hans Stosch. **4** Er wurde 1873 geboren. **5** Schon als 15-Jähriger wollte er gern Clown werden. **6** Deshalb riss er einfach von zu Hause aus. **7** Sein Vater brach jeden Kontakt zu ihm ab. **8** In einer bayerischen Wanderschau arbeitete Hans Stosch als Stallbursche. **9** Dort kam ihm die Idee vom Tierclown. **10** 1892 trat er das erste Mal als Dressurclown auf. **11** Er wählte den Künstlernamen Giovanni Sarrasani. **12** Damals begann er seine Arbeit mit einem Pudel. **13** Mit Affen, Hunden, Ratten, Ziegenbock, Schwein und Braunbär baute er sich seine Zirkusnummer auf.

b Übertrage die folgende Tabelle in dein Heft. Bestimme in allen Sätzen die Subjekte und Prädikate und schreibe sie in die richtige Spalte.

Subjekt	einteiliges Prädikat	mehrteiliges Prädikat
alle Zirkusfreunde	kennen	

Objekt (Ergänzung)

1 Die meisten Prädikate verlangen eine Ergänzung.

a Wähle die passende Wortgruppe aus und ergänze die folgenden Sätze.

bunte Sättel – das Publikum – den Akrobaten – einen Marsch – seinen Dompteur – eine Armbanduhr – dem Zirkusdirektor

1 Der Direktor begrüßt ■ mit freundlichen Worten.
2 Die Kapelle spielt zur Eröffnung ■.
3 Die Zuschauer hören ■ zu.
4 Die Pferde tragen ■ auf dem Rücken.
5 Der Zauberer lässt ■ verschwinden.
6 Die Assistentin hilft ■ beim Aufbau der Geräte.
7 Der Löwe faucht ■ an.

!

Das **Objekt** ist ein Satzglied, das das Prädikat ergänzt.
Der Fall des Objektes ist vom Verb abhängig, z. B.:

Der Junge fragt den Platzanweiser.	Wen? Akkusativobjekt
Der Platzanweiser hilft dem Jungen.	Wem? Dativobjekt
Der Reiter gibt dem Pferd ein Stück Zucker.	Wem? Dativobjekt Was? Akkusativobjekt

Man kann Dativobjekte mithilfe der Frage *Wem?* und Akkusativobjekte mithilfe der Fragen *Wen?* oder *Was?* erkennen.

Die Frageprobe anwenden

b Bestimme den Fall der Objekte in Aufgabe a mithilfe der Frageprobe.

2

a Bilde Sätze mit den Verben aus der folgenden Tabelle. Ergänze jeweils Subjekt und Objekt. Bestimme die Objekte mithilfe der Frageprobe und unterstreiche sie.

Dativobjekte	Akkusativobjekte
helfen – antworten – zustimmen – folgen – vertrauen – glauben	unterstützen – brauchen – fragen – suchen – bitten – pflegen – tragen
Sie helfen unserem Gärtner. – Wem? ...	Wir unterstützen die Jüngeren. – Wen? ...

TIPP
Nutze wieder die Frageprobe:
Wem? → Dativ,
Wen?/Was? → Akkusativ.

b Manche Verben können sowohl Dativ- als auch Akkusativobjekte verlangen. Bilde mit den folgenden Verben Sätze, die beide Objekte enthalten, und schreibe sie auf. Unterstreiche die Objekte mit unterschiedlichen Farben.

schreiben – geben – verbieten – zutrauen – schenken – versprechen

Ich schreibe meinem Freund eine E-Mail.
Wem? – meinem Freund (Dativobjekt)
Wen? Was? – eine E-Mail (Akkusativobjekt)

3 Oft treten Personalpronomen als Objekte auf.
Welche der folgenden Personalpronomen sind im richtigen Fall verwendet? Ergänze ein Subjekt und ein passendes Objekt. Schreibe die Sätze in dein Heft.

geben: ihr, ihm, sie, mich, es *vertrauen:* euch, ihn, ihr, ihnen *tragen:* es, ihm, sie, dir, uns *mitnehmen:* ihn, mir, ihnen, es, dich	*bitten:* sie, ihnen, euch, dich, mir *helfen:* ihm, ihr, sie, mir, ihnen *zustimmen:* dir, mich, euch, ihn, uns *fragen:* sie, ich, ihnen, ihm

Ich gebe es ihr. …

4 Schreibe einen Text über dein letztes Zirkuserlebnis oder ein anderes Erlebnis in deiner Freizeit. Unterstreiche anschließend alle Dativ- und Akkusativobjekte mit unterschiedlichen Farben.

Adverbialbestimmungen (Umstandsbestimmungen) des Ortes und der Zeit

1 Prädikate können durch Zeitangaben näher bestimmt werden.

a Schreibe die Zeitangaben aus den folgenden Sätzen heraus.

1. In der vergangenen Woche fand ich in der Zeitung eine Werbung für den Zirkus.
2. Er kommt in 14 Tagen in unsere Stadt.
3. Seit gestern kann man schon Eintrittskarten kaufen.
4. Meine Oma hat mir heute versprochen, mit mir in den Zirkus zu gehen.
5. In ein paar Tagen wollen wir Karten besorgen.

! Um Zeitangaben zu machen, wird das Prädikat häufig durch eine **Adverbialbestimmung der Zeit (Temporalbestimmung)** näher bestimmt. Man kann sie mit *Wann?*, *Wie lange?*, *Bis wann?* und *Seit wann?* erfragen, z. B.:

Wir kaufen morgen Karten für den Zirkus.	Wann?
Jede Vorstellung dauert zwei Stunden.	Wie lange?
Der Zirkus bleibt bis nächsten Sonntag hier.	Bis wann?
Meine Oma kennt diesen Zirkus schon seit vielen Jahren.	Seit wann?

TIPP
Nutze die Frageprobe: *Wann?*, *Wie lange?*, *Bis wann?*, *Seit wann?*

b Ergänze die folgenden Sätze durch Zeitangaben. Schreibe die Sätze auf und unterstreiche die Adverbialbestimmungen der Zeit.

1. Die meisten Vorstellungen finden ■ statt.
2. Für die kleineren Kinder spielt der Zirkus auch ■.
3. Der Zirkus bleibt ■ in unserer Stadt.

2 Prädikate können auch durch Ortsangaben näher bestimmt werden.

a Schreibe die Ortsangaben aus den folgenden Sätzen heraus.

1 Das originell bemalte Sarrasani-Haus steht in Radebeul bei Dresden.
2 Dieses Haus befindet sich in der Gartenstraße 54 und war früher ein Waschhaus. Es gilt als die Keimzelle des weltberühmten Zirkus.
3 André Sarrasani, ein Nachkomme des Zirkusgründers, weihte hier 2003 ein interessantes kleines Museum ein.
4 Am 30. März 1902 fand in einem komfortablen Zirkuszelt mit 3600 Plätzen in Meißen die Weltpremiere des Zirkus »Sarrasani« statt. Das war der erste deutsche Zeltzirkus mit elektrischer Beleuchtung.
5 Der Ruhm des Zirkus war bis in die Hauptstadt gedrungen und 1904 hatte »Sarrasani« sein erstes Gastspiel in Berlin.
6 Hans Stosch-Sarrasani wollte für seinen Zirkus ein festes Haus. Seit 1912 spielte der Zirkus im Dresdner Königstheater der 5000, das beim Bombenangriff am 13. Februar 1945 zerstört wurde.

! Das Prädikat kann auch durch eine **Adverbialbestimmung des Ortes (Lokalbestimmung)** näher bestimmt werden. Man kann danach mit *Wo?*, *Woher?* oder *Wohin?* fragen, z. B.:
Der Zirkus Sarrasani hatte sein festes Gebäude in Dresden. – Wo?
Die Elefanten, die Sarrasani besaß, stammten aus Indien. – Woher?
In den zwanziger Jahren wanderte Hans Stosch-Sarrasani mit seinem Zirkus nach Südamerika aus. – Wohin?

TIPP
Nutze die Frageprobe: *Wo?*, *Woher?*, *Wohin?*

b Ergänze die folgenden Sätze durch Ortsangaben. Schreibe die Sätze auf und unterstreiche die Adverbialbestimmungen des Ortes.

1 Der weltberühmte Zirkus »Sarrasani« hat seine Keimzelle in ■.
2 Die Weltpremiere fand 1902 in ■ statt.
3 Der Ruhm des Zirkus war bis ■ gedrungen.

Attribut (Beifügung)

1 Die drei Clowns sehen sehr unterschiedlich aus.
Marie hat sie im Zirkus gesehen und beschreibt sie.

1 Clown Emil hat eine dicke, rote **Nase**. Er trägt eine zerzauste **Perücke** mit hellblonden **Haaren** und breite, bunte **Hosenträger**. Eine riesige **Sicherheitsnadel** hält seine geblümte **Hose** zusammen.

2 Clown August ist der mit dem eleganten, gelben **Frack**. Seine schwarzen **Haare** hat er zu einer kunstvollen **Frisur** geformt. Die **Farbe** seiner Fliege ist giftgrün.

3 Das **Gesicht** von Clown Willibald ist mit weißer **Farbe** geschminkt. Er hat einen riesengroßen, roten **Mund** und traurige **Augen** mit langen **Wimpern**. Sein weiter **Anzug** ist aus kariertem **Stoff**.

a Aus den Beschreibungen kannst du erkennen, welcher Clown welchen Namen trägt. Fasse noch einmal kurz zusammen: Wer ist Emil, wer August und wer Willibald?

b Sieh dir jetzt die fett gedruckten Nomen an. Durch welche Wörter und Wortgruppen (Attribute) werden sie näher beschrieben? Schreibe die Nomen mit den dazugehörigen Attributen heraus.

2 Suche zu folgenden Nomen passende Attribute. Beachte, dass die Attribute vor oder hinter dem Nomen stehen können.

Zirkuszelt – Zuschauer – Manege – Artist – Löwe – Elefant – Pferd

ein großes Zirkuszelt, ein Zirkuszelt mit vielen Lichtern, …

!

Attribute (Beifügungen) bestimmen Nomen/Substantive näher. Sie können vor oder hinter den Nomen stehen. Man kann sie mit *Welche(-r, -s)?* oder *Was für ein(e)?* erfragen, z. B.:

ein weltberühmter Zirkus	Was für ein Zirkus?
der Zirkus mit der größten Tierschau	Welcher Zirkus?

→ S. 31 Einen Gegenstand beschreiben

3 Ihr habt sicher im Zirkus schon Artisten mit fantasievollen Kostümen gesehen. Probiert einmal Folgendes aus: Einer von euch beschreibt ein Kostüm, der andere zeichnet es nach der Beschreibung.

4 Überprüfe an den Sätzen der Aufgabe 1 a, ob Attribute Satzglieder sind. Nutze dazu die Umstellprobe. Zu welchem Ergebnis kommst du?

!

Attribute (Beifügungen) können nicht allein umgestellt werden. Sie bleiben immer bei dem Nomen, zu dem sie gehören, und sind ein Teil dieses Satzgliedes. Sie werden deshalb auch **Satzgliedteil** genannt.

Kommasetzung bei Aufzählungen

1 Suche in den folgenden Sätzen die Aufzählungen und setze die fehlenden Kommas.

Achtung, Fehler!

1. Der Direktor begrüßte das Publikum so: »Meine sehr verehrten Damen Herren Mädchen und Jungen.
2. Sie sehen heute die weltbesten sensationellsten aufregendsten Attraktionen, die ein Zirkus zu bieten hat.
3. In unserer Vorstellung gibt es Clowns Artisten Zauberer sowie Musikanten von Weltrang.
4. Lassen Sie sich sowohl von spannenden Zaubertricks Dressurnummern mit ungewöhnlichen Tieren als auch von sensationellen Akrobatikvorführungen verzaubern.
5. Dafür wünsche ich Ihnen viel Spaß und gute Unterhaltung.«
6. Am Ende der Vorstellung jubelten klatschten und trampelten die Zuschauer vor Begeisterung.

!

Manche Sätze enthalten **Aufzählungen** in Form von Wörtern oder Wortgruppen. Zwischen den einzelnen Gliedern einer solchen Aufzählung muss ein **Komma** gesetzt werden, wenn diese nicht durch die Bindewörter *und, oder, sowie, sowohl ... als auch* verbunden sind, z. B.:
In unserer Vorstellung gibt es Clowns, Artisten, Zauberer sowie Musikanten von Weltrang.

2 Untersuche die Sätze in Aufgabe 1 genauer. Beantworte die folgenden Fragen.

1. In welchen Sätzen werden einzelne Wörter aufgezählt?
2. Zu welchen Wortarten gehören diese Wörter?
3. In welchen Sätzen werden Wortgruppen aufgezählt?
4. Welche Bindewörter sind in den Sätzen vorhanden?
5. Welches Bindewort ist nicht vertreten?
6. In welchen Sätzen könnte auch ein anderes Bindewort verwendet werden?

●●● **3** Schreibe drei eigene Sätze auf, in denen Aufzählungen mit *oder* verbunden werden.

Bau des zusammengesetzten Satzes

1 Svenja und Paul wollen in der Schulzeitung über das Zirkusprojekt ihrer Klasse berichten.

a Lest den Beginn ihres Entwurfs und tauscht euch über euren ersten Eindruck aus.

Zuerst mussten wir viele Ideen sammeln. Alle wollten mitmachen. Danach haben wir gemeinsam das Programm zusammengestellt. Zwei Clowns hatten die Gäste begrüßt. Dann kam Tommy mit seinem Mäusezirkus. Das war auch sehr lustig. Eine Maus wollte immer ausreißen. Nadja hat getanzt. Das Publikum war begeistert. Kurt hat ...

TIPP
Beim Verbinden müsst ihr die Sätze ein wenig verändern.

b Überarbeitet den Text, indem ihr folgende Sätze sinnvoll miteinander verbindet. Wählt dazu ein passendes Bindewort aus.

denn – als – nachdem – weil

1 Zuerst mussten wir viele Ideen sammeln. Alle wollten mitmachen.
2 Zwei Clowns hatten die Gäste begrüßt. Dann kam Tommy mit seinem Mäusezirkus.
3 Das war auch sehr lustig. Eine Maus wollte immer ausreißen.
4 Nadja hat getanzt. Das Publikum war begeistert.

1. Zuerst mussten wir viele Ideen sammeln, denn alle ...
2. ...

! Kurze Sätze, die inhaltlich eng zusammengehören, kannst du zu einem **zusammengesetzten Satz** verbinden. Dazu brauchst du ein **Bindewort**, z. B.: *denn, weil, nachdem, als, dass, sodass, wenn, da.* Die Teilsätze eines zusammengesetzten Satzes musst du in der Regel an der Bindestelle durch **Komma** voneinander abgrenzen, z. B.:
Wir bastelten bunte Hüte, denn alle wollten lustig aussehen.
Als die Clowns geschickt jonglierten, staunten die Zuschauer.

2

a Schreibe die zusammengesetzten Sätze aus Aufgabe 1 b in dein Heft. Achte auf die Kommasetzung und rahme die Bindewörter ein.

b Lest euch eure zusammengesetzten Sätze laut vor. Beobachtet, ob man beim Sprechen hören kann, wo ein Teilsatz endet.

! Teilsätze eines zusammengesetzten Satzes kann man auch an der **Stimmführung** beim Sprechen erkennen. Nach dem ersten Teilsatz (dort wo das Komma steht) machen wir eine Sprechpause, ohne dabei die Stimme zu senken.

3

TIPP
Achte auf die Kommasetzung.

a Bilde zusammengesetzte Sätze mithilfe der in Klammern stehenden Bindewörter. Schreibe die Sätze auf und rahme die Bindewörter ein.

1. Alle waren ganz still. Karlo zauberte. (während)
2. Die Turner hatten mit tollen Sprüngen begeistert. Endlich war unsere Flötengruppe dran. (nachdem)
3. Einmal ging etwas schief. Niemand lachte die Artisten aus. (wenn)
4. Am Ende freuten sich alle. Einiges war nicht gelungen. (obwohl)

1. Alle waren ganz still, [während] …

b Lies deine Sätze halblaut und achte auf die Stimmführung.

c Untersuche deine Sätze aus Aufgabe a jetzt genauer.
- Unterstreiche die finiten (gebeugten) Verbformen.
- Vergleiche die Stellung der finiten (gebeugten) Verbformen in den einzelnen Teilsätzen.
- Welche Gemeinsamkeiten und welche Unterschiede erkennst du?

! Ein zusammengesetzter Satz besteht oft aus einem **Hauptsatz** und einem **Nebensatz**.
Die meisten **Nebensätze** erkennst du an folgenden Merkmalen:
- Die finite (gebeugte) Verbform steht an letzter Stelle.
- Sie beginnen mit einem **Einleitewort**.

Zusammengesetzte Sätze, die aus Haupt- und Nebensätzen bestehen, nennt man **Satzgefüge**. Sie können so gebildet werden:

Am Ende strahlten alle glücklich, [obwohl] einiges nicht gelungen war.
[HAUPTSATZ] , [NEBENSATZ] .

[Wenn] einmal etwas schiefging, lachte niemand die Artisten aus.
[NEBENSATZ] , [HAUPTSATZ] .

4

a Lies die folgenden Satzgefüge und nenne die Nebensätze. Begründe deine Entscheidungen.

1 Besonders die Fußballfans waren begeistert, als Marek seine Kunststücke mit dem Ball zeigte.
2 Weil Larissas Kaninchen sich nicht aus dem Stall traute, musste sie es mit frischem Gras locken.
3 Moritz führte seine Kartentricks so perfekt vor, dass wir staunten.
4 Als Tim mit seinem lustigen Hund auftrat, mussten alle lachen.
5 Obwohl Clown Timo seine rote Nase verloren hatte, sprang und tanzte er fröhlich durch die Manege.

TIPP
Fertigt eine Liste bei Nebensätzen häufig vorkommender Einleitewörter an und hängt sie im Klassenraum aus.

b Bilde selbst Satzgefüge. Verbinde die folgenden Sätze mithilfe der Einleitewörter. Achte auf die Kommasetzung.

weil – bis – als – dass – während – nachdem

1 Kurt wollte zuerst nicht auftreten. Er hatte sich beim Training verletzt.
2 Lucy und ihr Hamster warteten aufgeregt. Es ging endlich los.
3 Karen spielte auf ihrer Geige. Ganz still war es.
4 Jenny machte sich Sorgen. Ihr Kostüm wird nicht rechtzeitig fertig.
5 Die Clowns sangen. Einige hielten sich die Ohren zu.
6 Die Seilspringer waren fertig. Selina kam mit ihrem Einrad.

5 Denke dir aus, was noch im Klassenzirkus aufgeführt werden könnte, und bilde weitere zusammengesetzte Sätze.

6 Im folgenden Text fehlen die Kommas zwischen Haupt- und Nebensätzen. Begründe, an welchen Stellen ein Komma gesetzt werden muss.

Achtung, Fehler!

Weil unser Klassenzirkus allen so gut gefallen hat wollen wir weitermachen. Wir haben schon einige Ideen was noch verbessert werden könnte. Bis die nächste Aufführung starten kann muss aber noch viel geübt werden. Wenn alles klappt heißt es im Frühjahr wieder »Manege frei!«. Habt ihr einen Vorschlag wo unsere Manege dann aufgebaut werden sollte? Außerdem könnt ihr euch auch bei uns melden falls ihr selbst etwas Tolles vorführen wollt.

Zeichensetzung bei der direkten (wörtlichen) Rede

1 Hans Manz hat die beiden folgenden Gedichte geschrieben.

a Lies die Gedichte. Tausche dich mit deinen Mitschülerinnen und Mitschülern über ihren Inhalt aus.

Ein, kein oder mehrere Geschwister?

Ein Kind sagt: Ich bin das jüngere.
Eines sagt: Ich bin das jüngste.
Eines sagt: Ich bin sowohl das älteste
wie das jüngste.
Eines sagt: Ich bin weder das älteste
noch das jüngste.

Gleichungen

Wie das Kind
dem Vater gleicht!
sagte die Tante.

Ach, wie das Kind
der Mutter gleicht!
sagte der Onkel.

Nein, nein,
dem Großvater gleicht es,
sagte die Großmutter.

Wie sich doch
die Erwachsenen gleichen!
dachte das Kind.

b Du weißt, Gedichte zeichnen sich durch eine besondere Form und Sprache aus. Nenne Besonderheiten dieser beiden Gedichte.

TIPP
Probiere verschiedene Möglichkeiten aus.

c Lies die Gedichte laut vor. Achte besonders auf die Gestaltung der wörtlichen Rede.

d In diesen Gedichten kommt viel wörtliche Rede vor, die jedoch nicht genau gekennzeichnet ist. Wiederhole, wie wörtliche Rede in Texten normalerweise gekennzeichnet wird.

!

Um wiederzugeben, was jemand wörtlich sagt oder gesagt hat, verwendet man **direkte (wörtliche) Rede.** Damit dies für den Leser deutlich erkennbar ist, kennzeichnet man in schriftlichen Texten den Beginn und das Ende der direkten Rede mit **Anführungszeichen**.
Oft steht vor, zwischen oder nach der direkten Rede ein **Begleitsatz**, in dem die Sprecherin oder der Sprecher genannt werden, z.B.:
Sie sagte: »Ich werde lieber früher gehen, damit ich pünktlich bin.«
Er rief aus dem Nebenzimmer: »Ich komme auch gleich!«
»Wie lange brauchen wir bis zum Sportplatz?«, fragte sie. »Ich weiß nicht genau«, antwortete er, »wir brauchen etwa 10 Minuten.«

2 Untersuche die Zeichensetzung bei direkter Rede genauer. Betrachte dazu die Beispiele im Merkkasten und beantworte folgende Fragen.

1 Womit endet der Begleitsatz, wenn er vor der direkten Rede steht?
2 Wie wird der Begleitsatz abgegrenzt, wenn er der direkten Rede folgt oder eingeschoben ist?
3 Wo stehen die Satzschlusszeichen?

3 Schreibe die Gedichte (S.145) mit vollständiger Zeichensetzung auf.

!

Steht der Begleitsatz vor der direkten Rede, folgt ihm ein **Doppelpunkt**. Steht der Begleitsatz nach der direkten Rede oder ist er eingeschoben, wird er durch **Kommas** abgegrenzt.
Ausrufe- oder Fragezeichen, die zur direkten Rede gehören, stehen innerhalb der Anführungszeichen.

→ S.157
Wortbedeutung

4 Was in Gedichten erlaubt ist, sollte in anderen Texten möglichst vermieden werden: die häufige Wiederholung von *sagen*. Durch welche Wörter kannst du das Verb ersetzen? Bilde ein Wortfeld.

sagen: sprechen, rufen, …

5 Denke dir zum Gedicht »Gleichungen« eine kleine Geschichte aus und erzähle sie. Verwende direkte Rede, achte auf abwechslungsreiche Begleitsätze.

Wortbildung

1 Wie erweitert sich unser Wortschatz?

a Welche Ideen hast du? Tausche dich mit deinen Mitschülerinnen und Mitschülern darüber aus.

b Löse die folgende Aufgabe schriftlich und vergleiche deine Ergebnisse mit den Lösungen der anderen.

1 Lange, dünne, schnurartige Teigwaren nennt man ■.
2 Per Internet Nachrichten versenden nennt man ■.
3 Ein Drucker, der Farben wiedergibt, ist ein ■.
4 Eine Schokolade mit Nüssen nennt man ■.
5 Ein Kommissar, der Kriminalfälle löst, ist ein ■.
6 Den Vorgang des Wareneinladens in einen LKW nennt man auch ■laden.

!

Unser **Wortschatz erweitert sich** ständig, z. B. durch
- Wortbildung mithilfe von Zusammensetzung oder Ableitung, z. B.:
  - Zusammensetzung aus zwei und mehr selbstständigen Wörtern: *Farbe + Drucker → Farbdrucker, aus + drucken → ausdrucken,*
  - Ableitung mithilfe von Präfixen (Vorsilben) und Suffixen (Nachsilben): *ver- + schreiben → (sich) verschreiben, Farbe + -ig → farbig.*
- Übernahme von Wörtern aus anderen Sprachen, z. B.:
  - aus dem Englischen: *scannen, lasern, Homepage, Shampoo,*
  - aus dem Italienischen: *Pizza, Broccoli, Zucchini.*

2

a Bilde aus folgenden Wörtern und Wortbestandteilen so viele Wörter wie möglich und schreibe sie auf. Achte auf die Wortart der neu gebildeten Wörter.

FEST KIND KLEID TAG TAFEL ZEIT AN AUS AUF

-lich -keit -heit -ung -en -n -ig -isch be- ver-

TIPP
Oft musst du zwischen die Wortbestandteile *-(e)s-, -(e)n-* oder *-er-* einschieben, z. B. *Tag-es-zeit.*

b Markiere in deinem Heft alle zusammengesetzten Wörter farbig.

Zusammengesetzte Nomen/Substantive

1 Du kannst neue Wörter aus zwei oder mehr Bestandteilen zusammensetzen.

TIPP
Oft musst du *-(e)s-*, *-(e)n-* oder *-er-* zwischen die Wortbestandteile schieben, z. B.: *der Geburt-s-tag*.

a Bilde mit den vorgegebenen Nomen so viele Zusammensetzungen wie möglich. Schreibe sie mit dem bestimmten Artikel in dein Heft.

die Feier   der Tag   das Kind   die Ferien   das Lied

die Geburt   der Gast   das Geschenk   die Schule

b Nenne die Wortbestandteile, aus denen deine Zusammensetzungen bestehen. Trenne sie durch senkrechte Striche voneinander ab.

der Feier|tag, …

!

Zusammensetzungen bestehen aus einem **Bestimmungswort** und einem **Grundwort**. Das Bestimmungswort kann selbst noch einmal eine Zusammensetzung sein.
Manchmal musst du ein **Fugenelement**, z. B. *-(e)s*, *-(e)n*, *-er-*, zwischen Bestimmungs- und Grundwort einfügen, z. B.:

Bestimmungswort	+ Grundwort	= zusammengesetztes Wort
die Küche	*der Tisch*	*der Küchentisch*
das Kind	*das Fest*	*das Kinderfest*
die Geburt	*der Tag*	*der Geburtstag*
der Geburt|s|tag	*die Torte*	*die Geburtstagstorte*

2

a Vergleiche in den Beispielen im Merkkasten die Artikel von Bestimmungswort, Grundwort und dem daraus zusammengesetzten Wort.

b Ergänze den folgenden Merksatz und schreibe ihn in dein Heft.

Bei zusammengesetzten Nomen bestimmt das ■ das Geschlecht, z. B.: ■ *Gartentor*, aber: ■ *Gartentür*.

●●● **c** Suche Beispiele für Zusammensetzungen aus mehr als zwei Bestandteilen. Überprüfe, ob dabei die Regel aus Aufgabe b auch gilt.

3 Das folgende Gedicht hat Franz Fühmann geschrieben.

a Lies das Gedicht. Wie viele zusammengesetzte Nomen erkennst du?

In der Kuchenfabrik

Im Streuselkuchen ist Streusel,
im Pflaumenkuchen sind Pflaum',
im Marzipankuchen ist Marzipan,
im Baumkuchen ist ein Baum.

Im Kirschkuchen sind Kirschen,
im Obstkuchen ist Obst,
im Reibekuchen eine Küchenreibe,
ich hoffe, dass du ihn lobst.

Im Käsekuchen ist Käse,
im Hundekuchen ein Hund,
und wenn der Jens so weiterfrisst,
wird er noch kugelrund.

b Erkläre, was der Baumkuchen mit einem Baum, der Reibekuchen mit einer Reibe und der Hundekuchen mit einem Hund zu tun hat.

c Nenne die zusammengesetzten Nomen, in denen das Wort *Kuchen* als Grundwort auftritt.

d Nenne das Nomen, in dem das Wort *Kuchen* als Bestimmungswort auftritt.

e Das Gedicht enthält auch zwei zusammengesetzte Wörter, die keine Nomen sind. Suche sie und bestimme ihre Wortart.

4 Benenne die Dinge jeweils mit einem Wort.

1 Ein Pullover mit einer Kapuze ist ein ■.
2 Ein Buch, das von Abenteuern handelt, ist ein ■.
3 Ein Spiel, für das man viel Geduld braucht, ist ein ■.
4 Ein Anhänger für die Schlüssel ist ein ■.
5 Eine Tasche, die man am Gürtel befestigen kann, ist eine ■.

1. Kapuzenpullover, 2. …

5 Bilde Zusammensetzungen und schreibe sie mit dem bestimmten Artikel auf. Nenne die Wortart, zu der sie gehören.

1 lang Lauf **2** leicht Athletik **3** blau Licht
4 spielen Platz **5** schwimmen Flosse **6** starten Bahn

!

Das **Grundwort** eines zusammengesetzten Wortes bestimmt, zu welcher Wortart das zusammengesetzte Wort gehört und welches grammatische Geschlecht es hat.

Bestimmungswort	Grundwort	Zusammensetzung
rennen *der Geburtstag*	*das Rad* *die Karte*	*das Rennrad* *die Geburtstagskarte*

6 Schreibe die folgenden Wörter in dein Heft.
Achte auf die Groß- bzw. Kleinschreibung.

WINDSCHIEF – KNÖCHELTIEF – APFELBAUM – KAFFEEBRAUN – STARKSTROMLEITUNG – STANGENFÖRMIG – BÄRENSTARK

7 Jenny möchte ihren Geburtstag feiern.

a Lies ihren Entwurf für eine Einladungskarte.

Liebe Leslie, lieber Oleg, lieber Janosch,
ich lade euch zu meiner Feier zu meinem Geburtstag am Samstag, dem 1. 7., um 15 Uhr ein. Der Punkt unseres Treffens ist der neue Platz zum Spielen hinter unserer Schule. Wenn die Sonne scheint, feiern wir draußen. Bringt ein paar Ideen für Spiele mit.
Ich freue mich auf euch! Jenny

TIPP
Wenn das Buch nicht dir gehört, lege zum Arbeiten eine Folie über den Text.

b Markiere, wo Jenny den Text kürzer und einfacher formulieren kann.

→ S. 27 Einen Text überarbeiten

c Überarbeite den Text. Ersetze die markierten Stellen durch ein zusammengesetztes Wort und schreibe es auf.

zu meiner Geburtstagsfeier, …

Zusammengesetzte Adjektive

1 Suche bildhafte Farbbezeichnungen. Verwende das Farbadjektiv als Grundwort. Die Bilder weisen auf geeignete Bestimmungswörter hin.

grün – rot – blau

uniformgrün, …

! Mithilfe **zusammengesetzter Adjektive** kannst du Dinge und Situationen genauer, aussagekräftiger und bildhaft beschreiben, z. B.: *Zum zitronengelben T-Shirt trug Inga ihre flaschengrüne Hose.*

2

a Lies Silvios Beschreibung eines Wintertages.

Es war ein sehr kalter Wintertag. Der Schnee auf dem Fußweg lag sehr hoch, die Straße war sehr glatt. Im Licht der Straßenlaternen war es sehr hell.

TIPP
Überlege dir, wie kalt, wie hoch, wie glatt, wie hell etwas sein kann.

b Ersetze das eintönige *sehr* durch bildhafte zusammengesetzte Adjektive.

Es war ein hundekalter Wintertag. Der …

3 Steigere die Wirkung der folgenden Überschriften durch bildhafte zusammengesetzte Adjektive.

INSEL VON HOHEN WELLEN ÜBERSCHWEMMT

Unwetter mit großen Hagelkörnern

Haus von schwerem Meteoritenteil zerstört

… von meterhohen Wellen …, …

4 Bilde zusammengesetzte Adjektive und diktiere die Wortgruppen deiner Lernpartnerin / deinem Lernpartner.

1 ein ■ (der Knochen – hart) Kuchen **2** ein ■ (die Feder – leicht) Kind
3 mit ■ (das Blei – schwer) Fuß **4** mit ■ (der Winter – fest) Kleidung

Abgeleitete Nomen/Substantive

1 Aus welchen Wortbestandteilen sind die folgenden Nomen gebildet? Übertrage die Tabelle in dein Heft und ergänze sie.

die Gemeinschaft – die Klugheit – der Reichtum – die Heiterkeit – die Finsternis – die Leitung – die Erfindung – das Hindernis – der Irrtum

Wortstamm	Suffix (Nachsilbe)
gemein ...	-schaft ...

!

An **Suffixen** (Nachsilben), wie *-heit, -keit, -ung, -schaft, -nis, -tum*, kannst du ein Nomen/Substantiv erkennen, z. B.:
schön – die Schönheit, tapfer – die Tapferkeit, leiten – die Leitung, eigen – die Eigenschaft, das Eigentum, hindern – das Hindernis.

TIPP
Achte auf die Großschreibung.

2 Bilde aus Adjektiven und Verben abgeleitete Nomen und schreibe sie mit dem bestimmten Artikel auf. Nutze dazu die passenden Suffixe aus dem Merkkasten.

frei – gleich – umleiten – kostbar – entfernen – selten – irren – verwandt – erleben – neu – geheim – heimlich – gemein

3 Welches Suffix passt zu welcher Reihe? Bilde abgeleitete Nomen und schreibe sie in dein Heft.

1 prüfen, rechnen, erwarten, rüsten, füttern
2 erleben, kennen, verstehen, wagen
3 berühmt, dunkel, mehr, Kind
4 bitter, brauchbar, biegsam, ewig
5 gemein, gefangen, Freund, Feind

4 Welche abgeleiteten Nomen stecken in folgenden Zusammensetzungen? Schreibe sie mit dem bestimmten Artikel in dein Heft.

Weltmeisterschaftstitel – Freundschaftsspiel – Sicherheitstraining – Berührungsängste – Zeugnisausgabe – Schönheitswettbewerb

Abgeleitete Verben

1 Hier stimmt etwas nicht. Welches Präfix (Vorsilbe) wäre richtig? Schreibe die Lösung in dein Heft. Trenne das Präfix durch einen senkrechten Strich vom Wortstamm ab.

1 Lilly hätte beinah ihren Hamster verdrückt.
2 Malek hat zehn Pfannkuchen zerdrückt.
3 Der Hut hat Großmutters Haare erdrückt.
4 Aishes Bruder hat ihren Wecker erlegt.
5 Katjas Vater hat ein Wildschwein verlegt.
6 Und mein Großvater hat wieder seine Brille zerlegt.

1. er|drückt, 2. ...

! Verben verändern ihre Bedeutung durch das Anfügen von **Präfixen** (Vorsilben), wie *be-*, *er-*, *ent-*, *ver-*, *zer-*, z.B.:
raten – beraten – erraten – verraten – missraten,
reißen – entreißen – zerreißen.

2 Bilde so viele abgeleitete Verben wie möglich und schreibe sie in dein Heft.

antworten schlagen richten achten	be- ver- miss-	er- zer- ent-	arbeiten sorgen handeln reisen

TIPP
Das Präfix *miss-* wird immer mit *ss* geschrieben.

3 Drücke mithilfe eines Präfixes das Gegenteil aus.

1 Der erste Versuch war gelungen.
2 Er versteht mich immer.
3 Dein Benehmen gefällt mir.
4 Die Schüler achten die Regeln.
5 Der Test war geglückt.
6 Carla gönnt ihm das Geschenk.
7 Seine Eltern billigen sein Verhalten.
8 Die Großeltern vertrauen ihrer Enkelin.
9 Sie hat uns verstanden.

Abgeleitete Adjektive

1

a Leite aus den Nomen in Klammern Adjektive ab und vervollständige den Wetterbericht.

1 Das ■ (Herbst) Wetter wird im Norden Deutschlands anhalten.
2 In den frühen Morgenstunden ist ■ (Ort) mit Nebelfeldern zu rechnen.
3 Für Aufheiterungen sorgen ■ (Sturm) Winde aus Südwest.
4 Im Süden ist es ■ (Sonne), im Westen dagegen ■ (Regen).
5 In höheren Lagen kann es zu ■ (Gefahr) Glatteisbildung kommen.

b Übertrage die Tabelle in dein Heft und ergänze die abgeleiteten Adjektive aus Aufgabe a.

-ig	-lich	-isch
...	herbstlich	...

! An den **Suffixen** (Nachsilben) *-ig, -lich, -isch, -haft, -bar, -sam* erkennst du ein Adjektiv, z. B.:
Saft – saftig, Tag – täglich, Kritik – kritisch, Traum – traumhaft, Furcht – furchtbar – furchtsam.

2 Wie werden die Suffixe (Nachsilben) *-ig* und *-lich* am Wortende und in der Wortmitte ausgesprochen? Lies die Wörter laut vor. Formuliere eine Regel.

1 einmalig – eine einmalige Sache; ehrlich – eine ehrliche Antwort
2 stachlig – stachlige Früchte; stündlich – stündliche Verbindungen
3 wellig – welliges Haar; westlich – westliche Länder

! Das **Suffix *-ig*** spricht man am Wortende wie *-ich* [ich] aus.
Zur Prüfung, ob ein Wort auf das Suffix *-ig* oder *-lich* endet, eignet sich die **Verlängerungsprobe**. Verlängere das Wort um ein *-e* und sprich es laut aus, z. B.:
well-i■ *well-ig-**e*** → *well-ig.*
Endet der Wortstamm auf *-l*, folgt immer das Suffix *-ig*, z. B.:
mehl-ig, aber: *herz-lich.*

3 *-ig* oder *-lich*?

a Bilde Adjektive und schreibe sie auf. Trenne Wortstamm und Suffix durch einen senkrechten Strich voneinander ab.

wackeln – rund – Frieden – rot – eilen – grün – zart – Ekel – Winkel – Schreck – Absicht – Herr – Hügel – Macht – Wolle – mehrere Stellen

wackel|ig, …

b Wählt jeweils fünf Adjektive aus der Aufgabe a aus und diktiert sie euch gegenseitig.

Wortfamilien

1 Betrachte den Wörterbaum.

a Wie heißt der gemeinsame Wortstamm?

b In welchen Teil des Wörterbaums gehören folgende Wörter? Ordne sie zu.

Fremdsprache – vorsprechen – aussprechen – Sprechprobe – sprichwörtlich – gesprächig – Nachrichtensprecher

!

Jede **Wortfamilie** hat einen gemeinsamen Wortstamm.
Er bestimmt die Schreibung. Wortfamilien entstehen durch Ableitung und Zusammensetzung, z. B.:

Ableitung	Zusammensetzung
Sprach - e	Mutter - sprache
sprach - lich	Fremd - sprache
sprech - en	ab - sprechen
Sprech - er	Sprech - zeiten
Be - sprech - ung	
ver - sprech - en	

TIPP
In den Beispielen stecken zwei Wortfamilien.

2 Ordne die folgenden Beispiele nach Wortfamilien.
Schreibe sie auf und unterstreiche jeweils den Wortstamm der Familie.

Radurlaub – Rathaus – radwandern – ratlos – ratsam – Radtour – Ratschlag – Ratskeller – Radsportler – Radweg

3 Suche die Wortpaare, die miteinander verwandt sind.
Schreibe sie nebeneinander auf und markiere alle Stammvokale.
Begründe, warum du manchmal *ä* und manchmal *e* schreibst.

einschärfen – scharf – kräftig – wendig – Gemälde – Ernährung – anmelden – verändern – malen – Kraft – anders – Nahrung – Meldung – Wende

einsch<u>ä</u>rfen ← sch<u>a</u>rf, …

●●● 4 Welche Wörter sind aus einer Ableitung entstanden, welche aus einer Zusammensetzung?
Übertrage die Tabelle in dein Heft und ordne die Wörter in die richtige Spalte ein.

TIPP
Grund- und Bestimmungswort einer Zusammensetzung können selbst eine Ableitung oder Zusammensetzung sein.

Krafttraining – Elfmeter – Erklärung – behandeln – energisch – blitzschnell – Hallenhandball – Elfmeterpunkt – Sportbekleidung – Rettungsstation – Wintersportort – Verkaufspreis

Ableitung	Zusammensetzung
…	…

Wortbedeutung

1 Nenne das Wort, das nicht in die Reihe folgender Begriffe gehört. Begründe, warum das »schwarze Schaf« nicht zu den anderen Wörtern passt.

1 Spitzer, Bleistift, Kugelschreiber, Füller, Filzstift
2 Lastwagen, Auto, Motorrad, Flugzeug, Bus, Fahrrad
3 Fuchs, Hirsch, Luchs, Wildschwein, Elefant, Hase
4 Rose, Tulpe, Nelke, Tanne, Veilchen, Schneeglöckchen
5 Hacke, Rasenmäher, Spaten, Harke, Gartenschere, Föhn
6 Käsekuchen, Schwarzbrot, Pfannkuchen, Erdbeertorte, Bienenstich
7 Bäcker, Gärtner, Koch, Bruder, Lehrer, Kraftfahrer
8 Trompete, Posaune, Flöte, Klarinette, Geige

!

Bedeutungsgleiche oder -ähnliche Wörter bilden ein **Wortfeld**. Du kannst sie in **Oberbegriffe** mit allgemeiner Bedeutung und **Unterbegriffe** mit spezieller Bedeutung einteilen, z. B.:

Oberbegriff: *Fahrzeug*

Unterbegriffe: *Lastwagen* *Auto* *Motorrad* *Bus* *Fahrrad*

In Form von Tabellen und Übersichten kannst du Oberbegriffen Unterbegriffe zuordnen und umgekehrt.

2 Suche zu folgenden Wortreihen einen Oberbegriff.

1 Korb, Tasche, Kiste, Beutel, Dose, Tüte, Kasten, Tank
2 Rock, Hose, Pulli, Jacke, Bluse, Weste, Kleid, Hemd
3 Sandaletten, Gummistiefel, Holzlatschen, Turnschuhe
4 Teller, Untertasse, Tasse, Schale, Suppentasse, Soßenkännchen
5 Teddy, Kranauto, Bausteine, Indianerfiguren, Puppenhaus
6 Elster, Spatz, Amsel, Krähe, Taube, Meise, Rotkehlchen

3 Auch Verben und Adjektive können Wortfelder bilden.

a Übertrage die folgende Tabelle in dein Heft und suche die fehlenden Oberbegriffe.

sprechen	**...**	**schön**	**...**
reden quasseln schwatzen ...	gehen stolzieren marschieren ...	hübsch niedlich ...	rundlich mopplig ...

b Ergänze weitere Unterbegriffe.

4 Suche aus dem »Wortsalat« die drei Oberbegriffe heraus und ordne jeweils die dazugehörenden Unterbegriffe zu.

Weinglas – Gebäck – Sofa – Apfeltasche – Bett – Gläser – Pfannkuchen – Stuhl – Colaglas – Möbel – Plätzchen – Schreibtisch – Rührkuchen – Bierglas – Waffeln – Brauseglas – Tisch – Streuselkuchen – Sessel – Sektglas – Schrank – Schnapsglas

5 Suche den passenden Oberbegriff und ergänze den Satz.

1. Brustschwimmen, Kraulen und Rückenschwimmen bezeichnet man allgemein als ■.
2. Karpfen, Hecht und Aal sind ■.
   In Ozeanen und Meeren gibt es auch noch ■.
3. Äpfel, Birnen, Pflaumen und Erdbeeren bezeichnen wir als ■.
   Außerdem kenne ich noch ■. Dazu gehören zum Beispiel Möhren, Kohlrabi und Spargel.
4. Hund, Katze, Kaninchen und Hamster gehören zu den ■.
   Aber Löwe, Tiger, Nashorn und Elefant sind ■.
5. In Europa wachsen verschiedene Baumarten.
   Kiefer, Tanne, Fichte gehören zu den ■.
   Dagegen sind Eiche, Kastanie und Buche ■.

6 Die folgende Übersicht zeigt dir, dass ein Oberbegriff mehrere Unterbegriffe haben kann und diese durch weitere Unterbegriffe näher erläutert werden. Übertrage die Übersicht in dein Heft und ergänze sie.

Fortbewegungsmittel

Straßen-fahrzeuge	**Schienen-fahrzeuge**	...	...
Auto	S-Bahn	Düsenflugzeug	Segelschiff
...	...	Propeller-flugzeug	...
		...	

7 Suche zu den folgenden Oberbegriffen möglichst viele Unterbegriffe. Fertige dazu jeweils eine Übersicht nach dem Muster an.

Niederschlag – Getränke – Insekten – Hunde – Organe

→ S.58 Märchen lesen und verstehen

8 Stelle dir vor, du hast für einen Vortrag über Märchen diese ungeordneten Notizen gemacht. Ordne sie nach Ober- und Unterbegriffen. Entscheide dich selbst für eine geeignete Form (z.B. Tabelle, Übersicht). Ergänze weitere Unterbegriffe.

Figuren – gut und böse – Märchen – sehr alt – Aschenputtel – weltweit – Hänsel und Gretel – sprechende Tiere – die Bremer Stadtmusikanten – mündlich weitergegeben – Besonderheiten – Bestrafung und Belohnung – Entstehung – der gestiefelte Kater – oft verändert – Zahlen und Symbole – Schneewittchen – Beginn: »Es war einmal ...«

Teste dich selbst!

1 Schreibe den folgenden Text ab (eventuell am Computer).

a Erkenne in den Absätzen 2 und 3, wo ein Satz zu Ende ist, und setze die Satzschlusszeichen. Achte auf die Großschreibung am Satzanfang.

Achtung, Fehler!

Interessantes aus der Welt des Zirkus

1 Weißt du, wer als der Begründer des klassischen Zirkus gilt? Er heißt Philipp Astley. Der Engländer lebte von 1742 bis 1814. Weil er in einem Kavallerieregiment gedient hatte, konnte er vorzüglich reiten. Nach seiner Entlassung aus dem Armeedienst mietete er 1768 in London ein Feld, auf dem er Zuschauertribünen errichten ließ. Dort zeigte er zusammen mit anderen Reitern dem begeisterten Publikum waghalsige Kunststücke und Akrobatik auf Pferden.

2 Bis zum modernen Zirkus war es aber noch ein langer Weg kennst du die Namen der berühmtesten Zirkusse dazu gehören Renz Busch Sarrasani und Roncalli ganz besonders beliebt sind auch die russischen und chinesischen Zirkuskünstler hast du z. B. schon einmal etwas von dem weltbekannten Clown Oleg Popow gehört er konnte die Zuschauer nicht nur zum Lachen bringen, sondern war auch als Artist auf dem Schlappseil ein wahrer Meister

3 Bei den Zirkusfans ist heute der Zirkus »Roncalli« besonders beliebt er wurde im Jahr 1976 gegründet in seinen Programmen treten Künstler aus vielen Ländern auf sie kommen z. B. aus der Ukraine aus Russland Amerika Tschechien Italien und Spanien hier begeistern atemberaubende Luftartisten biegsame Schlangenfrauen oder blitzschnelle Magier das Publikum aber erst die harmonische Einheit von Artistik und Musik macht das Programm perfekt

Oleg Popow

b Finde die Aufzählungen und setze die fehlenden Kommas.

2

a Bestimme, aus wie vielen Satzgliedern die folgenden Sätze bestehen.

1 Einzelne Zirkusfamilien bestimmten die Geschichte des Zirkus.
2 In seiner Entwicklung hat der Zirkus Wandlungen durchgemacht.
3 Den Zirkus lieben viele Menschen.

b Schreibe aus dem ersten Absatz des Textes in Aufgabe 1a die Subjekte und Prädikate heraus.

c Bestimme, welche der Prädikate aus Aufgabe b mehrteilig sind.

d Schreibe aus dem zweiten Absatz des Textes zwei Beispiele für prädikative Rahmen heraus.

e Schreibe aus den folgenden Sätzen die Objekte mit den dazugehörigen Prädikaten heraus und bestimme ihren Fall.

1 Er zeigte dem Publikum waghalsige Kunststücke. **2** Die Artisten begeistern die Leute. **3** Die Musik gefällt den meisten Besuchern.

f Schreibe aus dem Text je drei Adverbialbestimmungen des Ortes und der Zeit heraus.

3

a Untersuche die Wortgruppen. Unterstreiche die Nomen und ihre Begleiter mit unterschiedlichen Farben. Bestimme den Fall der Nomen.

den festen Zirkusbau – mit anderen Reitern – auf dem Schlappseil – dem weltbekannten Clown – den großen modernen Zirkus

b Suche ein Adjektiv im Text und notiere alle drei Steigerungsstufen.

c Bestimme die Zeitform der folgenden Verben.

erzählt – mietete – ließ – hat gehört – treten auf

d Ordne die Verben aus Aufgabe c nach starken und schwachen.

4

a Schreibe die folgenden Zusammensetzungen auf, markiere das Grundwort und bestimme die Wortart. Suche je ein weiteres Beispiel.

Zirkusfamilie – Armeedienst – zahlreich – weltbekannt

b Schreibe die folgenden Ableitungen auf. Trenne Präfix bzw. Suffix vom Wortstamm ab. Suche zu jeder Wortart ein weiteres Beispiel.

Begründer – erzählen – vorzüglich

Fehler erkennen – Fehler korrigieren

1 Den folgenden Brief hat Bastian gleich zu Beginn seines ersten Schuljahres geschrieben, als er noch kaum etwas über die Schreibung von Wörtern wusste.

a Versuche, den Brief zu entziffern.

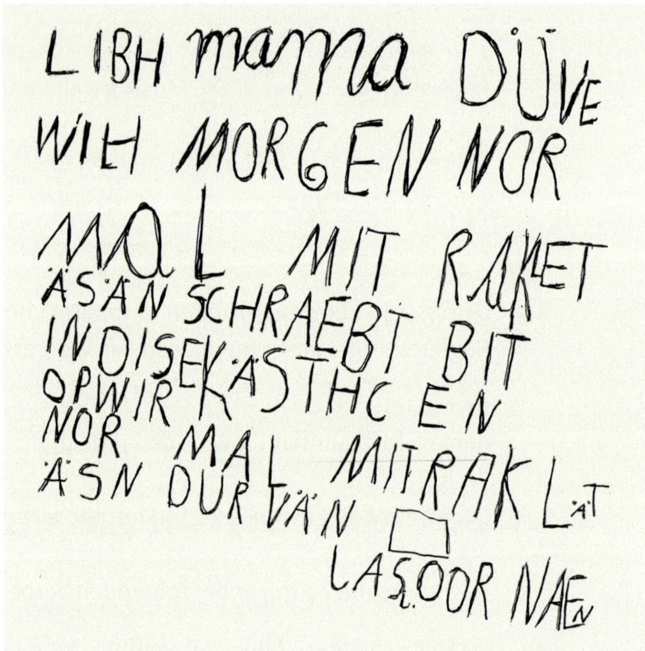

LIBH mama DÜVE
WIH MORGEN NOR
MAL MIT RAKLET
ÄSÄN SCHRAEBT BIT
INDISEKÄSTHCEN
OPWIR
NOR MAL MITRAKLÄT
ÄSN DURVÄN
LAS.OOR NAEN

TIPP
1. RAKLET / RAKLÄT meint »Raclette« – ein besonderes Käsegericht.
2. LAS.OOR NAEN heißt »ja oder nein«.

b Kannst du erklären, warum der Schulanfänger die Wörter so geschrieben hat? Was wusste er alles noch nicht?

c Schreibe den Brief richtig auf, achte auf die übliche Groß- und Kleinschreibung.

d Welcher der folgenden Aussagen stimmst du zu? Begründe deine Meinung.

1. Der Rat »Schreib, wie du sprichst« ist eine zuverlässige Rechtschreibhilfe.
2. Der Rat »Schreib, wie du sprichst« trifft nur für bestimmte Schreibungen zu.

2 Probiere einmal Folgendes aus: Tippe Bastians Brief so in den Computer, wie er ihn geschrieben hat, aber in der üblichen Groß- und Kleinschreibung (statt *DÜVE* also *düve*).

a Welche Korrekturen schlägt dir das Rechtschreibprogramm vor?

b Warum verbessert das Rechtschreibprogramm so viele Falschschreibungen nicht?

3 Bei der Untersuchung sehr vieler Diktate und Schüleraufsätze wurde festgestellt: Die meisten Schülerinnen und Schüler können in der 5. Klasse schon gut und richtig schreiben. Es gibt aber einige Rechtschreibklippen, bei denen immer wieder Fehler gemacht werden. Fünf dieser schwierigen Fälle stehen auf der nächsten Seite. Du kannst dich anhand der Beispielwörter selbst überprüfen: Wo bin ich sicher? Welches sind meine Rechtschreibklippen?

a Gehe die folgenden Schritte.

TIPP
Verwende ein Wörterbuch zum Nachschlagen.

1. Lege ein A4-Blatt nach dem Muster auf S. 164 an und übertrage alle fett gedruckten Angaben. Du kannst dazu auch den Computer nutzen.
2. Dann schreibst du – möglichst richtig ergänzt bzw. richtig groß- oder kleingeschrieben – die Lückenwörter auf.
3. Überprüft anschließend gemeinsam, ob ihr richtig eingesetzt habt.
4. Verbessere deine Fehler und notiere hinter jeder Gruppe die Fehlerzahl.
5. Nun erkennst du: Das sind meine Stärken, aber andere Schreibungen muss ich noch üben.

b Tauscht euch über eure Ergebnisse aus und sprecht auch über die folgenden Fragen.

1 Welche Rechtschreibhilfen verwendet ihr in Zweifelsfällen, um über die richtige Schreibung zu entscheiden?
2 Wer hat mit einer bestimmten Übungsmethode gute Erfahrungen gemacht?

Überprüfe dich selbst und erkenne deine Fehler	Fehlerzahl
1. *d* oder *t*? *b* oder *p*? *g* oder *k*? am frühen Aben■ auf dem Spor■platz, hunder■ Läufer, auf den Star■schuss war■en, lan■sam loslaufen, durch den Par■, zur Bur■, viel Lau■ auf dem Waldwe■, nicht stol■ern, ein gutes Erge■nis, in einer hal■en Stunde	
2. langer Stammvokal (Selbstlaut): mit oder ohne *h*? mit *ie* oder *i*? Musik war zu hö■ren, laute, schrille Tö■ne, von der Bü■ne, soga■r bis in unsere Wo■nung, der Text wa■r nur ungefä■r zu verste■en, es ging um eine Kr■se in einer zi■mlich schwi■rigen Fam■lie	
3. doppelter Konsonant (Mitlaut) oder nicht? Die Kreuzung war gesper■t. Wir mus■ten anhal■ten und den Warnblinker einschal■ten. Die nachfol■genden Autos stop■ten ebenfal■s. Was kon■te pas■iert sein? Wir stel■ten Vermutungen an. Wir blickten verwir■t nach links. Eine Kirche rol■te auf der Gegenfahrbahn her■an.	
4. *s* oder *ss* oder *ß*? im Se■el sitzen, die Augen geschlo■en, von einer gro■en Rei■e träumen, der Koffer lä■t sich nicht öffnen, der Schlü■el ist nicht zu finden, die Abfahrt verpa■t, den Auswei■ verge■en, aber alles blo■ ein bö■er Traum	
5. groß oder klein? JONAS HÖRT MAN HÄUFIG KLAGEN, IHM GEFÄLLT SO MANCHES NICHT: STILL SITZEN, GEHORCHEN, GEDICHTE AUFSAGEN, MÜLLEIMER LEEREN, EIN SCHARFES GERICHT. ER MAG VOR ALLEM BEWEGUNG UND SPIELE, KÄMPFE, WIDERSPRUCH UND STREIT. GEHT MAN RICHTIG MIT IHM UM, IST ER AUCH ZUM NACHGEBEN BEREIT.	

In einem Wörterbuch nachschlagen

1 Wenn du nicht genau weißt, wie ein Wort geschrieben wird oder was es bedeutet, solltest du in einem Wörterbuch nachschlagen.

a Lies den folgenden Brief, den Nick an Emily geschrieben hat.

Achtung, Fehler!

Hallo, Emily,
wir sind gestern auf einer ganz kleinen Insel gewesen. Die Insel heißt Hallig, und in der Halligschule gibt es meistens nur einen oder zwei Schüler. Die Schule sieht wie ein ganz normales Wohnhaus aus. Es gibt keinen Schulhof und keine Turnhalle, auch keine Tischreien und keine Wandtafel in dem gemühtlichen Klassenraum. In diesem Jahr ist Sven der einzige Schüler. Sein bisheriger Schulkamarad hat die Schule Anfang des Sommers abgeschlossen. Wenn bei Sturmflut die Hallig unter Wasser steht, muss Sven zu Hause lernen. Ich wäre da gern. Du auch?
Dein Nick

b Emily sind beim Lesen des Briefes einige Schreibungen komisch vorgekommen. Sie hat diese Wörter unterstrichen. Überprüfe die Schreibung der gekennzeichneten Wörter in einem Wörterbuch. Schreibe die falsch geschriebenen untereinander richtig auf.

c Ergänze zu jedem Wort zwei verwandte Wörter.

2 Man muss das Alphabet gut können, wenn man ein Wort möglichst schnell finden will. Trainiert das Aufsagen des Alphabets. Stellt fest, wer es am schnellsten kann.

3

a Nennt der Reihe nach zu jedem Buchstaben des Alphabets ein Wort.
Arm, Bein, Computer, ...

b Probiert eine schwierigere Variante aus:
Nennt in der zweiten Runde nur Vornamen oder nur Verben oder nur Adjektive in alphabetischer Reihenfolge.

4 Welche Buchstaben fehlen auf den Handy-Tasten?

1	2 ABC	3 D F
4 HI	5 JK	6 M
7 P	8 U	9 XYZ

5 Schreibe die folgenden Wörter alphabetisch geordnet in dein Heft.

immer – nötig – Blut – folgen – jung – Zelt – Chip – Kalender – Paket – Ypsilon – achtzig – denken – richtig – Weide – Erfolg – Lineal – Osten – schwierig – gestern – Maß – Tal – voll – heiß – Quelle – unter – Xylophon

achtzig, …

6 Stellt füreinander eine Wortliste zusammen, die nach dem Alphabet geordnet werden soll. Wählt Städte-, Tier- oder Pflanzennamen, Sportarten oder Lieblingsgerichte für die Liste aus.

7 Alle folgenden Wörter haben den gleichen Anfangsbuchstaben.

a Schreibe sie in alphabetischer Reihenfolge auf.
Ordne hier nach dem zweiten Buchstaben.

fertig – Foto – Fach – Futter – Filter

Fach, …

b Ordne die folgenden Wörter nach dem dritten bzw. vierten Buchstaben.

Fluss – fliehen – flach – Fleck – Flosse
aushalten – Ausbildung – Ausgleich – ausstellen – ausweiten

flach, … *Ausbildung, …*

8 Sieh dir diesen kurzen Ausschnitt aus einem Wörterbuch an.

a Wodurch wird die Orientierung auf dieser Seite erleichtert?

Fanklub

F

Fan|klub *auch:* **Fan|club** [fæn-, engl.] *m. 9*
Fan|ta|sia [ital.] *f. 9* **1.** nordafrik. Reiterkampfspiel **2.** *Mus., ital. Bez. für* Fantasie
Fan|ta|sie *f. 11* Musikstück in ungebundener Form
Fan|ta|sie *auch:* **Phan|ta|sie** *f. 11 nur Sg.* **1.** Einbildungskraft, Einfallsreichtum, Erfindungsgabe **2.** vorgestelltes Bild, Träumerei, Trugbild, Wahngebilde
fan|ta|sie|los *auch:* **phan|ta|sie|los**
Fan|ta|sie|lo|sig|keit *auch:* **Phan|ta|sie|lo|sig|keit** *f. 11 nur Sg.*
fan|ta|sie|ren *auch:* **phan|ta|sie|ren** *intr. 3* **1.** sich der Einbildungskraft hingeben, sich etwas ausdenken **2.** *Med.:* irrereden **3.** *Mus.:* frei gestaltend spielen
fan|ta|sie|voll *auch:* **phan|ta|sie|voll**

→ Phantasma Der Anlaut des aus dem Griechischen stammenden Fremdwortes *Phantasma* (ebenso: *Phantasmagorie, phantasmagorisch*) darf nicht mit der Buch-

Fa|rad [nach dem engl. Physiker Michael Faraday] *n. Gen.* -s *Pl.* - (*Abk.:* F) Maßeinheit für elektr. Kapazität
Fa|ra|day|kä|fig *auch:* **Fa|ra|day-Kä|fig** *m. 1* käfigartige, geerdete Vorrichtung aus Drahtgeflecht zum Abschirmen gegen elektr. Felder oder Ströme (bei Messinstrumenten und beim Blitzschutz)
fa|ra|day|sche Ge|set|ze *auch:* **Fa|ra|day'|sche Ge|set|ze** *Pl.*
Fa|ra|di|sa|ti|on *f. 10,* Fa|ra|do|the|ra|pie *f. 11* Heilbehandlung mit unterbrochenem (faradischem) Strom
fa|ra|disch; faradischer Strom: häufig unterbrochener Gleichstrom
fa|ra|di|sie|ren *tr. 3* mit faradischem Strom behandeln
Fa|ra|do|the|ra|pie *f. 11* = Faradisation
Fa|ran|do|le *f. 11* = Fandarole
Farb|auf|nah|me *f. 11*
Farb|band *n. 4*
färb|bar

Fär|be|rei *f. 10*
Fär|ber|rö|te *f. 11*
Pflanze (früher
gewinnung), Kr
Fär|ber|waid *m. 1*
m. 1 Reseda
Farb|fern|se|hen
Farb|film *m. 1*
Farb|fil|ter *m. 5*
Farb|fo|to|gra|fie
to|gra|phie *f. 11*
Farb|ge|bung *f. 1*
Farb|holz *n. 4 me*
haltiges tropisc
Farb|holz|schnitt
far|big, *österr. au*
Far|bi|ge(r) *m. 18*
oder 18 Angehö
nichtweißen M
Far|big|keit *f. 10*
farb|in|ten|siv
Farb|kas|ten *m. 8*
farb|lich
farb|los
Farb|lo|sig|keit *f.*
Farb|pho|to|gra|p
fotografie
Farb|pig|ment *n.*

b Die fett gedruckten Wörter auf dem oberen Rand jeder Seite heißen Seitenleitwörter. Sie sind sehr nützlich beim Nachschlagen. Warum?

c Schreibe die folgenden Wörter untereinander auf. Suche sie im Wörterbuch und notiere hinter jedem die Bedeutung sowie das Seitenleitwort.

Vers – Strophe – Song

9 Überprüfe dich selbst. Wähle eine der folgenden Zeilen aus. Stoppe mit der Uhr, wie lange du brauchst, um

- alle drei Wörter in einem Wörterbuch nachzuschlagen und ihre Schreibung zu überprüfen und
- alle drei Wörter richtig aufzuschreiben.

Achtung, Fehler!

1 Bühne, Höhrer, Gefahr
2 Falle, Rollbahn, Halltung
3 Gärtchen, hundert, abents

Häufig vorkommende Wortstämme richtig schreiben

Wörter mit *b, d, g* und *p, t, k* am Stammende

Rechtschreibhilfe: Wörter verlängern

1 Einer liest eine Wortreihe vor, alle anderen lesen mit und achten auf die Aussprache des Konsonanten (Mitlauts) am Wortende. Was stellt ihr fest?

1 das Sieb – der Typ – das Lob – er hob – das Mikroskop
2 der Wald – kalt – die Naht – der Pfad – das Geld – die Welt
3 das Werk – der Berg – der Schlag – der Vertrag – das Geschenk

! Im Auslaut werden *b, d, g* wie *p, t, k* gesprochen. Wenn du die Wörter aber verlängerst (**Verlängerungsprobe**), dann sprichst und hörst du deutlich *b, d, g*, und diese Buchstaben musst du auch schreiben, z. B.: *Ba■ – Bäder → Bad.*

2 Nomen kannst du verlängern, indem du die Pluralform bildest.

Rechtschreibhilfe: Verlängerungsprobe

a Übertrage die folgende Tabelle in dein Heft und ergänze die Pluralformen in der mittleren Spalte.

Nomen	Plural	zusammengesetztes Nomen
der Zweig der Schla■ der Ta■ der We■ der Zu■ der Flu■	die Zweige	die Zweigstelle

b Ergänze nun jeweils ein zusammengesetztes Nomen in der rechten Spalte. Du kannst dazu die folgenden Grundwörter nutzen.

-stelle -platz -sahne -luft -kreuzung -traum

c Markiere den Buchstaben *g* in allen Beispielen.

3 Welchen Buchstaben musst du ergänzen?

a Verlängere die finite (gebeugte) Verbform, indem du den Infinitiv bildest.

1 Er glau■te an eine Täuschung. *glauben*
2 Verwundert ho■ er den Kopf und rie■ sich die Augen.
3 Helle Lichter schwe■ten in der Dunkelheit langsam heran.
4 Er scho■ einen Stuhl beiseite und holte sein Fernglas.
5 Hastig schrau■te er an dem Gerät herum.
6 Da verschwan■ die Erscheinung hinter dem Turm.
7 Am Montag fan■ er eine Erklärung in der Zeitung.

b Schreibe die Sätze in dein Heft und markiere die eingesetzten Buchstaben.

1. Er glaubte an eine Täuschung. (glauben)

4

a Verlängere hier so: Verwende die Adjektive aus dem großen **A** mit einem der Nomen aus dem großen **N** und schreibe die Beispiele auf.

A: grob, gelb, herb, derb, lieb, trüb, halb

N: Gruß, Mensch, Novembertag, Stoff, Vorhang, Stunde, Geschmack

ein gelber Vorhang, …

b Markiere in allen Adjektiven den Buchstaben *b*.

5 *b* oder *p*, *d* oder *t*, *g* oder *k*? Schreibe den Text ab und fülle die Lücken aus. Verlängere beim Aufschreiben die Lückenwörter in Gedanken.

1 Mein kleiner Bruder he■t alles auf und brin■t die ungewöhnlichsten Dinge mit nach Hause. **2** Kürzlich fan■ er in Opas Keller ein altes kleines Fläschchen. **3** Es war ganz verstau■t und fest verschrau■t. **4** Es enthielt eine graue Flüssi■keit. **5** Papa war etwas aufgere■t, als ihm dieser Fun■ gezei■t wurde. **6** »Mö■licherweise Quecksilber«, sagte er, »das muss entsor■t werden. **7** Ich bringe es am Sonnaben■ zum Scha■stoffmobil.«

Wörter mit kurzem Stammvokal

Rechtschreibhilfe: Wörter in Sprechsilben zerlegen

1

a Lies die Wortpaare laut. Man muss hören, dass der Stammvokal in allen Beispielen kurz ist.

Tanne – Tante Kappe – Kapsel	Wolle – Wolke Rosse – rosten	Puppe – Pumpe fassen – fasten	Falle – Falte Kanne – Kante

b Untersuche die Wortpaare und versuche, eine Regel zu finden. Wann wird der Konsonant (Mitlaut) verdoppelt, wann nicht?

! Folgt nach einem kurzen betonten Vokal (Selbstlaut) im Wortstamm nur **ein Konsonant** (Mitlaut), dann wird dieser **verdoppelt**, z. B.: *die Tanne, die Wolle, die Puppe.*

2 Zerlege die Wörter aus Aufgabe 1 a in Sprechsilben. Warum ist dieses Zerlegen eine Rechtschreibhilfe?

! Beim Zerlegen in Sprechsilben (**Zerlegeprobe**) erkennst du, ob ein Wort mit zwei gleichen oder zwei verschiedenen Konsonanten geschrieben wird, z. B.: *Fal le*, aber: *Fal te*, *Ros se*, aber: *ros ten*.

Rechtschreibhilfe: Zerlegeprobe

3 Übertrage die Tabelle in dein Heft und ordne die folgenden Wörter richtig ein. Kennzeichne auch die Sprechsilben.

die Halle – halten – die Karten – der Karren – entlassen – entlasten – die Rente – rennen – die Spaltung – die Spannung – schalten – schallen – öfters – offen

Wörter mit Doppelkonsonanten	Wörter mit zwei verschiedenen Konsonanten
die Hal le ...	hal ten ...

4

a Reimschmiede: Schreibe ab und ergänze die Reimwörter.

<table>
<tr>
<td>Bald ist es hell,
das geht ganz schn■,
dann bin ich zur St■’.</td>
<td>Alles ging glatt,
doch ich war zu s■
und deshalb ziemlich pl■
und etwas m■.</td>
<td>Es stimmt,
er wird getr■
und schw■
wie ein Delfin.</td>
</tr>
</table>

b Denke dir selbst solche Schnellreime aus und diktiere sie deinen Mitschülerinnen und Mitschülern.

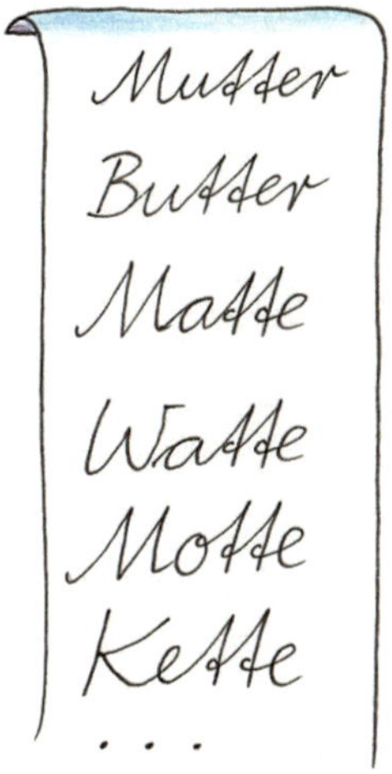

5 Wortlisten-Rekord: Lara hat 47 Wörter mit *tt* aufgeschrieben.

a Wer findet noch mehr?

b Übertrage folgende Listen in dein Heft und ergänze sie.
Jede sollte mindestens zehn Beispiele enthalten.

ff	***ll***	***mm***	***nn***
schaffen Koffer …	alle allein …	Gramm kommen …	beginnen Mann …
pp	***rr***	***ss***	***tt***
doppelt Teppich …	Herr Geschirr …	besser flüssig …	Drittel glatt …

6 Paul war beim letzten Diktat unsicher, ob die Wörter *Kup(p)lung* und *wol(l)te* mit Doppelkonsonant geschrieben werden oder nicht. Er zerlegte die Wörter in Sprechsilben, aber er wurde nicht sicherer. Gib ihm einen Rat, was man in solchen Fällen tun muss.

!

Wenn durch Zerlegen in Sprechsilben der Doppelkonsonant nicht eindeutig zu erkennen ist, dann hilft die **Verwandtschaftsprobe**: Suche ein verwandtes zweisilbiges Wort und zerlege dieses in Sprechsilben, z. B.:
Verdopplung, weil: *dop pelt*.

Rechtschreibhilfe: Verwandtschaftsprobe

7

a Suche zu den Beispielen in jeder Zeile ein verwandtes zweisilbiges Wort. Zerlege dieses Wort in Sprechsilben, dann erkennst du, wie alle anderen Verwandten geschrieben werden müssen.

of fen	Öffnung	Öffnungszeiten	öf■entlich
…	Sam■lung	Versam■lung	versam■elt
…	Ken■tnisse	Ken■zeichen	geken■zeichnet
…	Tref■punkt	vortref■lich	tref■sicher
…	Sper■ung	Sper■zone	gesper■t

b Schreibe alle Beispiele richtig in dein Heft.

8 Wer findet am schnellsten die richtige Bezeichnung? Schreibe die Lösungswörter auf. Sie enthalten alle einen Doppelkonsonanten.

süße Nachspeise	kurzes Ruder	hebt Erde aus	röhrenförmige Nudel
Krankheit mit Husten und Schnupfen	steifes, papierähnliches Material	weicher, wärmender Fußbodenbelag	Sportler, die gemeinsam gegen andere kämpfen
Arbeitsraum eines Handwerkers	dort kann man Benzin zapfen	die Zeit von 14 bis 17 Uhr	dort kann man essen und trinken
Abschnitt einer Rundfahrt	Leistungsvergleich von Sportlern	null Uhr	man kann sich dort etwas ansehen

Wörter mit langem Stammvokal

Rechtschreibhilfe: Wortschreibungen einprägen

1

a Schreibe den Text ab. Achte besonders auf die fett gedruckten Wörter.

Eine **Fahrt** in den **Frühling**
Es **war** an einem **klaren** Februar**tag** im letzten **Jahr**. Wir **fuhren** ins **Rautal**. Über eine Wiese **kamen** wir zu einem Buchenwald. Unter den **hohen** Bäumen lagen noch ein **paar** schmutzige **Schnee**-reste. Aber wir **sahen** auch **schon** das gelbe Blumen**meer** aus **unzähligen Blüten.** Viele Leute bestaunten diese **Frühblüher**, die Winterlinge heißen und unter Naturschutz **stehen.**

b Stelle fest, wie der Stammvokal in den fett gedruckten Wörtern gesprochen und wie er geschrieben wird.

c Übertrage die folgende Tabelle in dein Heft und ordne die Wörter mit langem Stammvokal in die richtige Spalte ein.

ohne *h*	mit *h*	mit *aa, ee, oo*
war ...	Fahrt ...	Schnee ...

!

Lang gesprochene Vokale werden unterschiedlich geschrieben:
- die meisten Wörter mit einem einfachen Vokal, z. B.: *klar, Tal, leben,*
- manche Wörter mit *h*, z. B.: *Fahrt, Mühle, stehen,*
- einige Wörter mit doppeltem Vokal, z. B.: *Saal, Beere, Moos.*

Die **Schreibung** muss man sich durch Üben **einprägen**.

2 Reimwörter sind eine gute Einprägehilfe. Ergänze die Listen der Reimwörter, die alle ohne *h* geschrieben werden.

das Tal	er hört	gekürt	geboren
der Sch■	er st■	gesp■	gesch■
die Qu■	er schw■	gesch■	geschw■
der W■	er geh■	geschn■	geg■

Rechtschreibhilfe: Wortschreibungen einprägen

3 Zehn Wörter, die nicht mit *h* geschrieben werden dürfen

a Suche sie aus dem Wortgitter heraus und schreibe sie untereinander in dein Heft.

S	T	R	O	M	S	P	Ü	R	E	N
Q	U	Z	X	S	C	H	A	L	E	F
S	P	U	L	E	H	Ö	R	E	N	W
N	A	M	E	H	O	L	E	N	U	P
S	P	A	R	E	N	W	A	R	E	Z

b Schreibe zu jedem Wort zwei oder drei verwandte Wörter auf.

Strom: Stromleitung, Strömung, strömen

c Bei welchen Wörtern warst du unsicher? Schreibe sie auf ein extra Blatt unter der Überschrift »Meine Merkwörter«.

4 In jede der folgenden Wortfamilien hat sich ein Fehler eingeschlichen. Suche diese Fehler und schreibe alle Beispiele richtig auf.

Achtung, Fehler!

1 er hört – die Zuhöhrer – das Gehör – gehörlos – unerhört
2 die Spuren – gespurt – spurlos – die Spurensuche – die Fuchsspuhr
3 die Schere – scheren – geschoren – die Schafschuhr – die Schurwolle

5 Seltsam, seltsam!

a Vertausche die Adjektive, dann ergeben sich sinnvolle Wortgruppen. Schreibe sie auf.

mit langsamen Augen – der grausame Stromverbrauch –
eine sparsame Geschichte – ein wachsames Fahrzeug –
ein wirksamer Weg – eine mühsame Hütte – ein einsamer Hustensaft

mit wachsamen Augen, …

b Kennzeichne in allen Adjektiven die Nachsilbe *-sam*, die immer ohne *h* geschrieben wird.

6 Jeweils zwei der folgenden Wörter sind stammverwandt.

TIPP
Ein *h* im Wortstamm bleibt in allen Wörtern einer Wortfamilie erhalten.

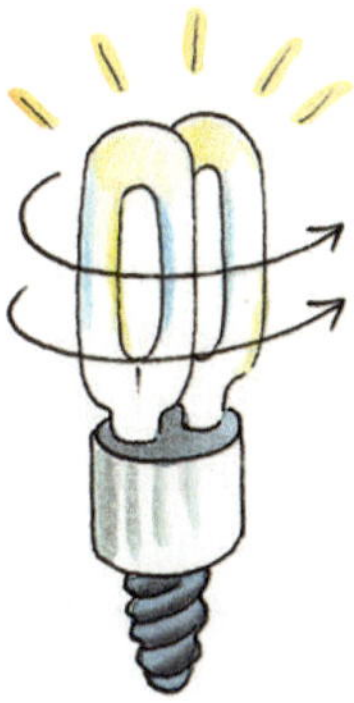

a Suche sie und schreibe sie nebeneinander auf.

Mühe	froh	drehen	Annäherung	wehleidig
Wehmut	glühen	Höhe	Reihenhaus	Sehstörung
Reihe	beruhigen	sehen	Glühlampe	Ruhe
Drehtür	Nähe	mühelos	fröhlich	Höhenzug

Mühe – mühelos, …

b Vergrößere die Wortfamilien, indem du jeweils ein drittes verwandtes Wort hinzufügst.

Mühe – mühelos – mühsam, …

! Es gibt Wörter, in denen du das *h* hören kannst, wenn du sie in Sprechsilben zerlegst, z. B.:
gehen – ge hen, stehen – ste hen, frohe – fro he.
Das *h* steht auch in den einsilbigen Formen, z. B.:
du gehst, du stehst, froh.

7 Schreibe die finiten Verbformen mit ihrem Infinitiv auf und markiere das *h* in allen Beispielen.

es entsteht – sie gesteht – ihr begeht – es verweht –
sie ruht aus – man sieht – du fliehst – es blüht – es zieht –
er versprüht – sie droht – sie näht – man dreht

es entsteht – entstehen, …

8

a Ergänze die folgenden Wörter und schreibe sie in dein Heft.

Fests■l – M■rbad – Eism■r – M■spflanze – w■gerecht –
S■rose – L■rlauf – Motorb■t – Auss■t – T■tasse – Liebesp■r –
Briefw■ge – Kl■blatt – Streichelz■ – Pulverschn■

b In welche drei Gruppen lassen sie sich ordnen?

! Im Deutschen wird das **lang gesprochene *i*** meist als *ie* geschrieben. Es bleibt auch in allen verwandten Wörtern erhalten, z. B.: *verdienen, sie verdienten, unverdient, der Verdienst.*

9 Wähle aus der Wortliste die Wörter mit *ie* aus, die in die Lücken passen, und schreibe den vollständigen Text in dein Heft. Kennzeichne das eingesetzte *ie* in allen Wörtern.

Text	Wortliste
Immer wieder gehen Besucher ■ durch unsere Straße, in der ■ Häuser ■ dicht nebeneinander stehen. Zwischen sechs von ihnen gibt es fast keinen ■. Alle haben ein blaugraues ■dach und eine hübsch ■ Vorderfront. Ganz oben im ■ steht das Baujahr. Ein Baumeister hat sie einstmals für seine Kinder errichtet. Er hatte sehr ■ Geld ■.	viel sieben neugierig ziemlich Unterschied Giebel Schiefer verzierte verdient

10 Präge dir die Schreibung der Wörter mit *ie* gut ein. Setze ein und schreibe auf.

schließlich: ■ abfliegen – ■ besiegen – ■ verlieren
vielleicht: ■ spielen – ■ wegziehen – ■ schließen
ziemlich: ■ schief – ■ tief – ■ schwierig – ■ viel
neugierig: ■ Mieter – ■ Ziegen – ■ Tiere
niedrig: ■ Giebel – ■ Energieverbrauch – ■ Verdienst

11 Sätze aus lauter Wörtern mit *i*

a Wähle zwei Sätze aus, präge dir die verschiedenen *i*-Schreibungen gut ein.

1 Wir bieten dir ziemlich viel Sicherheit.
2 Wie viele Mieter ziehen in dieses niedliche Ziegelhaus?
3 Mit ihrem geschienten Knie lief Lissy bis ins Ziel.
4 Sie widerspricht ihm nie wieder.
5 Im Riesengebirge fiel im Winter viel Niederschlag.

b Schreibe deine Sätze aus dem Gedächtnis fehlerlos auf.

Typische Buchstabenverbindungen

Rechtschreibhilfe: Wortschreibungen einprägen

1 In jeder Zeile gibt es eine andere schwierige Buchstabenverbindung.

a Lies die Zeilen und nenne jeweils die Buchstabenverbindung.

1 überqueren – Quälgeist – unbequem – Quadrat
2 Eidechse – Hinterachse – Blechbüchse – verwechseln
3 Hüpfburg – Klopfzeichen – kopflos – Apfelsine
4 Startbahn – Sternchen – aussteigen – Herbststurm
5 Beispiel – verspeisen – Sportler – Fußspur
6 plötzlich – trotzdem – Blitz – Verletzung – Spatz
7 erschrecken – glücklich – entdecken – Blickpunkt

Rechtschreibhilfe: Wortschreibungen einprägen

b Schreibe die Wörter zeilenweise ab und achte auf die jeweils schwierige Buchstabenverbindung. Kreise diese anschließend ein.

c Suche dir zwei Buchstabenverbindungen aus und schreibe noch möglichst viele andere Wörter mit diesen Buchstabenverbindungen auf.

→ S. 22 Eine Geschichte erfinden

d Verfasse ein Gedicht oder schreibe eine Geschichte mit einigen dieser Wörter, z. B. ein *tz*-Gedicht oder eine *ck*-Geschichte.

> **!** Im Deutschen gibt es typische Buchstabenverbindungen, z. B.: *qu, chs, pf, st, sp, tz, ck*, wie in *Quirl, Wachs, Topf, Stamm, Spur, Spitze, Zweck*. Andere Buchstabenverbindungen dagegen sind aber **nicht** möglich, z. B.:
> Nach *l, n, r*, das merke ja, steht **nie** *tz* und **nie** *ck*.
> *stürzen, tanzen, stärken*

2 Wörter mit *pfl*

a Schreibe die folgenden Wörter nach dem Alphabet geordnet untereinander auf.

Pflicht – Pflaume – Pflaster – Pflanze – Pflug – Pflege

b Füge in jeder Zeile drei verwandte Wörter hinzu.

3 In den folgenden Wörtern fehlt immer die Buchstabenverbindung *mpf*. Sie bereitet vielen beim Schreiben Schwierigkeiten. Beobachte, wie es dir beim Aufschreiben ergeht.

empfehlen die E■ehlung ich e■ehle e■ohlen e■ehlenswert	der E■ang der E■änger e■änglich er e■ängt sie e■ing	e■indlich die E■indungen e■inden e■indsam ich e■and

4 Wörter mit *lz, nz, rz* und *lk, nk, rk*

a Schreibe alle Wörter auf, die sich aus den Wortbausteinen in den Kreisen bilden lassen. Achte auf die Groß- und Kleinschreibung.

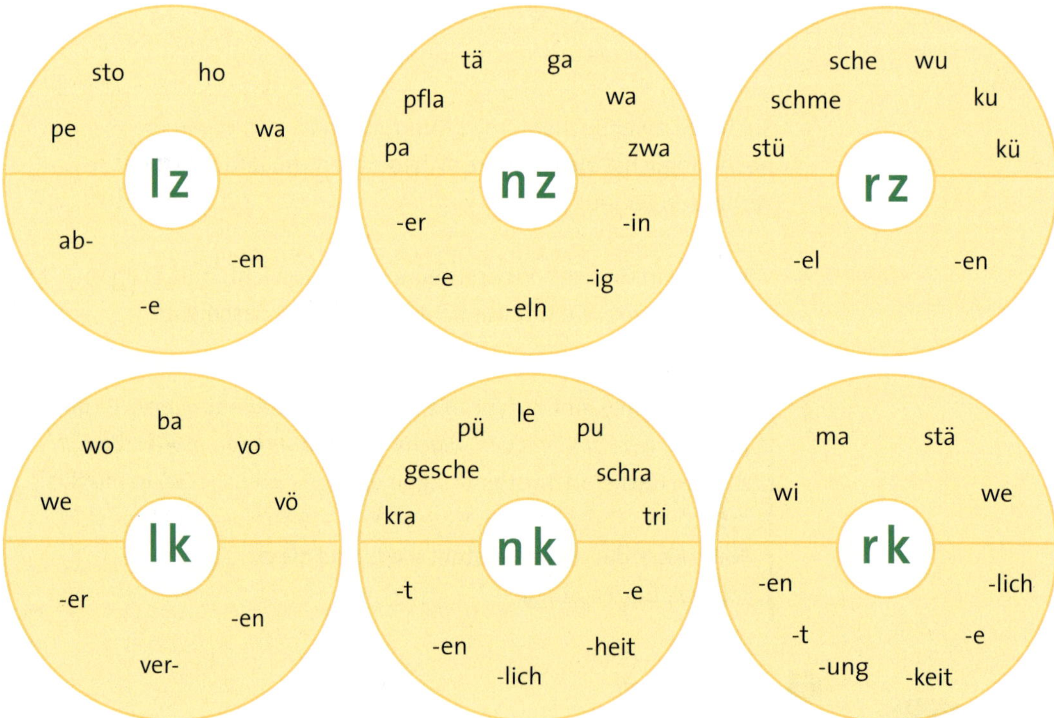

stolz, abholzen, …

b Wählt zehn Beispiele aus und diktiert sie euch gegenseitig. Kontrolliert die Schreibung anschließend gemeinsam.

Wörter mit *s, ss, ß* im Wortstamm

Rechtschreibhilfe: Wörter deutlich sprechen und Regeln anwenden

! In Wörtern mit **langem Stammvokal** oder **Zwielaut** *(au, ei, ai, eu, äu)* schreibt man *s*, wenn der *s*-Laut stimmhaft (summend) gesprochen wird, z. B.:
lösen, rieseln, Eisen.

1 Sprich bei den folgenden Wörtern den *s*-Laut deutlich stimmhaft (summend).

lesen – schmusen – kreisen – losen – säuseln – leise –
Nase – Pause – Reise – Bremse – Felsen – Hülse – Wiese

2 Übe die folgenden Wörter mit stimmhaftem (summendem) *s*-Laut.

Rechtschreibhilfe: Wörter deutlich sprechen

a Schreibe alle Verben in dein Heft und neben jeden Infinitiv die 1. Person Singular Präsens. Sprich jeweils beide Formen deutlich aus.

rasen – dösen – lösen – hinweisen – verreisen – kreisen –
beweisen – aufbrausen – sausen – schmausen – bremsen – pinseln

rasen – ich rase, …

→ S. 148 Zusammengesetzte Nomen/Substantive

b Verwende die Nomen aus dem Dreieck als Bestimmungswörter und setze sie mit einem passenden Grundwort aus dem Kreis zusammen. Sprich das *s* in den Bestimmungswörtern deutlich stimmhaft (summend).

Faser
Rose
Dose Gemüse
Rasen Eisen
Speise Schleuse

Pfand
Strauch Stoff
Mäher Werk
Suppe Wärter
Karte

Faserstoff, …

Rechtschreibhilfe: Verwandtschaftsprobe

3 Übertrage die Wortfamilie *lesen* in dein Heft. Achte beim Ergänzen der Beispiele darauf, dass alle Verwandten mit *s* geschrieben werden.

lesen	gelesen	Leser
ich le■e	abge■en	■brief
du lie■t	■bar	Schnell■
er lie■t	un■erlich	Vor■
er verla■ sich	■enswert	■meinung

TIPP
Beachte, dass man alle Verwandten dieser Wortfamilien mit *s* schreibt.

4 Reiselustige Reisende vor ihrer Abreise
Schreibe möglichst viele Verwandte der Wortfamilie *reisen* (*verreisen*) auf.

5 Achtung! In die Wortfamilie *weisen* hat sich ein »schwarzes Schaf« eingeschlichen. Welches Wort gehört nicht zu dieser Wortfamilie? Zu welcher Wortfamilie gehört es?

Achtung, Fehler!

weisen: der Ausweis – der Wegweiser – die Einweisung – er bewies – der Beweis – beweisen – der Nachweis – verweisen – nachweislich – beweisbar – ich weiß nichts – nachweisbar – er beweist – sie bewiesen

6 Auch die folgenden Wörter werden mit *s* geschrieben.

a Schreibe den Text ab und setze die Wörter an der richtigen Stelle ein.

meisten – bereits – fast – Rätsel – Bus – Geheimnis

Die 5 c hatte heute ■ nach der vierten Stunde Unterrichtsausfall. Die ■ Schüler freuten sich und gingen nach Hause. Einige warteten auf ihren ■. Sie machten im Lesezimmer ihre Hausaufgaben. Sophie und Hanna lösten ein Sudoku-■. Sophie gab nach kurzer Zeit schimpfend auf. Aber Hanna hatte es schon ■ geschafft. Paul und Lukas schlichen sich unauffällig davon. Sie hatten ein ■.

b Schreibe die Geschichte weiter.

> **!** In Wörtern mit **langem Stammvokal** oder mit **Zwielaut** schreibt man *ß*, wenn der *s*-Laut stimmlos (zischend) gesprochen wird, z. B.: *fließen, gießen, grüßen*.

7

Rechtschreibhilfe: Wörter deutlich sprechen

a Sprich die folgenden Wörter leise vor dich hin. Man muss hören, dass der Stammvokal oder Zwielaut lang ist und dass das *ß* stimmlos (zischend) gesprochen wird.

außen – außerhalb – bloß – draußen – dreißig – abfließen – schweißen – der Ruß – der Kinderfuß – die Größenordnung – Hefeklöße – schließlich – das Ausmaß – der Strauß – heißen – die Tomatensoße – die Reißzwecke

b Diktiert euch gegenseitig die Wörter aus Aufgabe a.

> **!** Bei manchen Wörtern ist nicht zu hören, ob nach langem Stammvokal oder Zwielaut am Wortende *s* oder *ß* geschrieben werden muss. Nutze dann die **Verlängerungsprobe**, z. B.:
> *Ohne Flei▪ kein Prei▪.* *fleißig → Fleiß* *preisen → Preis*

8

Rechtschreibhilfe: Verlängerungsprobe

a Verlängere die Wörter in den folgenden beiden Kästen, dann hörst du den *s*-Laut deutlicher.

Kasten 1
das Gla▪ – die Glä▪er
das Los▪ – die ▪
der Prei▪ – die ▪
die Mau▪ – die ▪
das Ei▪ – ei▪ig
das Gra▪ – gra▪en

Kasten 2
der Spa▪ – spa▪ig
der Flei▪ – flei▪ig
sü▪ – sü▪er
gro▪ – grö▪er
er schlie▪t – schlie▪en
es flie▪t – flie▪en

b Welche Aussage trifft für Kasten 1 zu, welche für Kasten 2?

1. Hört man in der verlängerten Form einen stimmlosen (zischenden) *s*-Laut, dann wird nach langem Stammvokal am Wort- oder Stammende *ß* geschrieben.
2. Hört man in der verlängerten Form einen stimmhaften (summenden) *s*-Laut, dann wird nach langem Stammvokal am Wort- oder Stammende *s* geschrieben.

Rechtschreibhilfe: Regeln anwenden

c Schreibe die Aussagen aus Aufgabe b und die dazu passenden Beispiele aus der Aufgabe a in dein Heft. Vervollständige die Wörter mit dem richtigen *s*-Laut.

9

a In den beiden folgenden Wörtern wird der *s*-Laut stimmlos gesprochen, aber unterschiedlich bezeichnet. Prüfe, ob der Stammvokal oder Zwielaut lang oder kurz ist. Formuliere eine Regel zur Schreibung von *ss*.

beißen – der Biss

b Sprich die folgenden Wörter deutlich und entscheide, ob sie mit *ß* oder *ss* geschrieben werden.

hei■en – Kla■e – Schlö■er – Fü■e – grü■en – Ki■en – be■er – schlie■en – sto■en – Wa■er – Schlü■el – mittelmä■ig

c Übertrage die Tabelle in dein Heft und ordne die Wörter richtig ein.

Wörter mit *ß*	Wörter mit *ss*
heißen …	Klasse …

Rechtschreibhilfe: Regeln anwenden

10 Welche Wörter mit *ss* passen in die Lücken? Schreibe alle Sätze auf.

1 a Klara ■ nichts zu Mittag. **b** Das ■ schmeckt ihr nicht.	**4 a** Bitte, l■ Sie mich hinein. **b** Du l■ niemanden herein!
2 a Zwei Personen wollten zuf■ . **b** Der Dieb wurde gef■ .	**5 a** Beinahe hätte ich es verg■! **b** Max verg■ alles.
3 a Das darf keiner ■ . **b** Hast du das nicht ge■?	**6 a** Du hast nicht gut aufgep■! **b** Es p■ alles ganz genau.

11

Rechtschreibhilfe: Regeln anwenden

a Begründe die Schreibung der *s*-Laute in den fett gedruckten Wörtern.

sich auf jemanden **verlassen**, mit gutem **Gewissen**, eine lange **Straße**, die Zitrone **auspressen**, einen Fehler **verbessern**, die Saat regelmäßig **bewässern**, **Maßnahmen** ergreifen, heute **geschlossen**, die Kugel weit **stoßen**, raue, **rissige** Hände, eine **riesige** Müllhalde, **dreißig** Kilometer

b Schreibe die Wortgruppen nacheinander aus dem Gedächtnis auf.

Worttrennung

1 Das Zerlegen in Sprechsilben hilft dir auch bei der Worttrennung. Lies die folgenden Wörter langsam und in Silben zerlegt vor.

fragen – lesen – denken – Lehrer – lange – schnurren – klettern – Katze – krachen – basteln – Wäsche – wecken – kämpfen – überholt – Vater – neidisch – heißen – Rastplatz – Haustür – nachweisbar

! Wenn man beim Schreiben den Platz bestmöglich nutzen muss, dann **trennt** man am Zeilenende mehrsilbige Wörter **nach Sprechsilben**, z. B.:
Schwer-punkt, greif-bar, bau-en, kön-nen, mit-spie-len.

2 Übertrage die vier wichtigsten Trennungsregeln in dein Heft und ordne ihnen die Beispiele aus Aufgabe 1 zu.

1 Wenn an der Silbengrenze nur ein Konsonant (Mitlaut) steht, so kommt er auf die neue Zeile, z. B.: *fra-gen, …*
2 Stehen zwei oder mehr Konsonanten an der Silbengrenze, dann kommt nur der letzte auf die neue Zeile, z. B.: *den-ken, …*
3 Buchstabenverbindungen, wie *ck, ch, sch, th* oder *ph* werden nicht getrennt, z. B.: *we-cken, …*
4 In Zusammensetzungen und Wörtern mit Präfix (Vorsilbe) trennt man nach Wortbauteilen, z. B.: *über-holt, …*

Rechtschreibhilfe: Regeln anwenden

3 Schreibe die folgenden Wörter auf und kennzeichne alle Trennungsmöglichkeiten.

lachen – Belastung – Decke – Menschen – ausrutschen – rannte – hoffte – Sonne – Karpfen – Sonntag – Kätzchen – Bastelladen – Rücken – Fernheizung – Konsonanten – Vorratsschrank – wissenswert

la-chen, …

4 In Zeitungstexten gibt es manchmal Fehler bei der Worttrennung. Schreibe die Wörter auf und kennzeichne die richtige Trennstelle. Nimm ein Wörterbuch zu Hilfe.

Achtung, Fehler!

Han-dlung – aufsch-reiben – Ert-rag – dreiteil-ig – zweifens-trig

Groß- und Kleinschreibung

Rechtschreibhilfe: Die Artikelprobe machen

1

a Lies den folgenden Text.

Zwei jungen sitzen im wartezimmer eines arztes und sind schon ganz zappelig von der warterei. »Was fehlt euch denn?«, fragt eine frau. »Ich habe eine murmel verschluckt, der doktor muss sie rausholen.« »Und du bist wohl der freund oder der begleiter?« »Nein, das nicht, mir gehört die murmel.«

b Konntest du den Text schnell und ohne Mühe lesen?

2 Nur im Deutschen werden Nomen großgeschrieben. Beim Lesen ist diese Großschreibung vorteilhaft, aber beim Schreiben gibt es einige Schwierigkeiten.

a Welche Wörter im Text der Aufgabe 1a erkennst du trotz der Kleinschreibung leicht als Nomen? Woran? Schreibe sie mit ihrem Artikel auf.

ein(es) Arzt(es), …

b Warum sind die beiden ersten Nomen des Textes nicht so leicht zu erkennen? Ergänze sie mit dem Artikel in deiner Liste.

3 Überprüfe, was du über die Großschreibung weißt. Welche Aussage ist falsch?

1 Satzanfänge schreibt man groß.
2 Nomen nennt man auch Substantive.
3 Nur Wörter für Lebewesen und Gegenstände, die man anfassen kann, werden großgeschrieben. Alle anderen Wörter, wie z. B. *mut, kraft, angst,* werden kleingeschrieben.
4 Zu jedem Nomen gehört ein Artikel: *der, die, das, ein, eine, ein*.
5 Ein Wort, das sich mit einem Artikel verwenden lässt, wird großgeschrieben.

4 Schreibe den Text aus Aufgabe 1 (S. 184) in richtiger Groß- und Kleinschreibung auf.

Achtung, Fehler!

5 Finde heraus, welche der folgenden Wörter einen Artikel haben können und deshalb großgeschrieben werden. Schreibe sie mit Artikel auf.

freude – trauer – glücklich – glück – mitleid – ärger – zufrieden – schmerz – lieb – wut – kummer – neidisch

die Freude, …

!

Wenn du nicht weißt, ob du ein Wort groß- oder kleinschreiben musst, dann verwende die **Artikelprobe**.
Stelle fest: Steht bei dem Wort ein Artikel oder lässt sich das Wort mit einem Artikel verwenden?
Wenn ja, dann ist das Wort ein Nomen/Substantiv und wird großgeschrieben, z. B.:
Drei (die) Mädchen gucken aus dem Fenster.

Rechtschreibhilfe: Artikelprobe

6 Trainiere die Artikelprobe.

a Ermittle aus der folgenden Tabelle alle Wörter, die einen Artikel haben und großgeschrieben werden.

…	…	…
HOCHSPRUNG LANGLAUF START UNGÜLTIG AUSDAUER TRAINING	REGEN GLATTEIS ERWÄRMUNG STÜRMISCH ABGEKÜHLT HOCHDRUCK	GEKLINGELT DIREKTORIN LÄRM DIKTAT HOFPAUSE SPÄTER

→ S. 157 Wortbedeutung

b Übertrage die Tabelle in dein Heft. Schreibe in die Kopfzeile der Tabelle über jede Spalte den passenden Oberbegriff. Trage darunter die jeweiligen Nomen mit ihrem Artikel ein.

c Ergänze in jeder Gruppe drei weitere Nomen mit unterschiedlichem Artikel, die zu dem Oberbegriff passen.

7 Die Wortfamilie *lieb* mit groß- und kleingeschriebenen Verwandten: Übertrage die Tabelle in dein Heft und ordne die Wörter richtig ein.

LIEBE – VERLIEBT – LIEBLING – LIEBEVOLL – LIEBLOS – TIERLIEB – MUTTERLIEBE – LIEBESPERLEN – AM LIEBSTEN – GELIEBT

Kleinschreibung	Großschreibung
...	die Liebe

! Das musst du bei der **Artikelprobe** beachten:
Im Satz steht der Artikel oft nicht vor seinem Nomen. Zwischen Artikel und Nomen können andere Wörter eingeschoben sein, z. B.:
die Jeans, die neuen Jeans, die neuen schwarzen Jeans.

Rechtschreibhilfe: Artikelprobe

8 Suche den Artikel, der zum fett gedruckten Nomen gehört. Schreibe die ganze Wortgruppe auf.

Eine süße **Verführung**
Zunächst hatte es der nette **Gartennachbar** mit einem Scherz versucht. Dann warnte er eindringlich davor, auf den Baum mit den reifen **Pfirsichen** zu steigen. Aber der übermütige **Bursche** kletterte doch hinauf. Dem verlockenden **Duft** konnte er einfach nicht widerstehen. Schon vor dem ersten **Biss** lief ihm das Wasser im Munde zusammen. Doch kaum hatte er nach der gelben **Frucht** gegriffen, da spürte er einen fürchterlich schmerzenden **Stich** im Mittelfinger.

eine süße Verführung, ...

9

a Hier sind einige Fehler passiert. Kannst du dir denken, warum?

Achtung, Fehler!

Wie man sich bei einem Bienenstich verhalten sollte
1 den Stachel der Biene wegkratzen **2** dadurch das Weitere eindringen des Giftes in den Körper verhindern **3** die Geschwollene Stelle kühlen **4** bei einer Übergroßen Schwellung sofort einen Erfahrenen Arzt aufsuchen

b Schreibe alle Ratschläge richtig in dein Heft.

Schreibung der Anredepronomen

1 Leo hat zwei Anfragen an Betreiber von Internet-Seiten geschrieben.

a Lies die beiden Mails.

Anjas Pinguin-Homepage (www.anjaspinguine.de)	**pinguine.net** (www.pinguine.net)
Hallo Anja, deine Homepage ist wirklich große Klasse, und ich möchte mich dafür bei dir bedanken. Was meinst du, in welchen Tierpark sollte ich fahren, um die schönsten Pinguine zu sehen? Dein Leo S.	Lieber Redakteur, ich habe viel über Pinguine gelesen, aber nicht alles verstanden, was Sie geschrieben haben. Deshalb möchte ich Ihnen zwei Fragen stellen. Können Sie mir genauer erklären, … Ihr Leo S.

b Mit welchen Pronomen redet Leo die beiden Homepage-Verfasser an? Welche Unterschiede in der Schreibung gibt es?

! Du weißt, normalerweise werden Pronomen kleingeschrieben, z. B.: *ich, er, mein*. Aber in Briefen und E-Mails können **Anredepronomen** auch großgeschrieben werden, z. B.:
du/Du, dein/Dein, ihr/Ihr, euer/Euer.
Die Pronomen *Sie* und *Ihr* und alle ihre Formen **musst** du in der höflichen Anrede **immer großschreiben**, z. B.:
Bitte senden Sie mir Ihre Antwort möglichst bald.

2 Schau dir die beiden Homepages an, die in Aufgabe 1a genannt werden.

→ S. 52 Eine E-Mail schreiben

a Schreibe selbst eine Meinungsäußerung zu den Fotos auf Anjas Pinguin-Homepage.

b Verfasse ein Schreiben an den Redakteur von pinguine.net und frage, was du gern genauer über die Pinguine wissen möchtest.

Teste dich selbst!

Rechtschreibhilfe: Verlängerungsprobe

1 Schreibe ab und ergänze die zehn Beispiele fehlerlos.
Entscheide, ob du am Stammende *b, d, g* oder *p, t, k* schreiben musst.

der Heimwe■ – die Zu■vögel – die Schil■laus – das Stän■chen – du schie■st – er verrie■ die Farbe – trü■sinnig – die Gel■sucht – er errä■ das leicht – er zei■t nach rechts

Rechtschreibhilfe: Verwandtschaftsprobe

2 Doppelkonsonant *ll, nn, ff* oder nicht?
Suche vor dem Aufschreiben der Lückenwörter ein zwei- oder dreisilbiges verwandtes Wort.

1 Die Fa■schirmspringer bereiten sich auf den Absprung vor. **2** Alle sind vo■ konzentriert. **3** Einige haben den Blick zu Boden gese■kt. **4** Andere schauen wie geba■t zur Decke. **5** Als das Kommando ertönt, ste■t sich der erste Springer an die Luke. **6** Sein Sprung begi■t. **7** Er fä■t in die Tiefe. **8** Nach kurzer Zeit ö■net sich der Schirm. **9** Wenige Minuten später haben es alle gescha■t. **10** Jedes Mitglied der Sta■el ist im markierten Kreis gelandet.

Rechtschreibhilfe: Wortschreibungen einprägen

3 Wörter mit langem Stammvokal
Schreibe den Text fehlerfrei ab. Achte auf die Wörter mit *i/ie/ieh.*

Kaum ist der Regen vorbei, sieht man die Bienen wieder fliegen. Ihr Ziel ist die Flur von Niederwiesel. Hier gibt es in diesen Wochen ziemlich viele Rapsfelder. Die riesigen gelben Flächen locken nicht nur die Tiere an, sie ziehen auch die Blicke der Menschen auf sich.

4 Auf typische Buchstabenverbindungen achten
Die folgenden Wörter müsst ihr fehlerlos schreiben können. Diktiert sie euch gegenseitig.

Querkopf – Pflanzenpflege – unempfindlich – Glückspilz – abstürzen – Sitzplatz – Herzschmerzen – glänzen – Wirklichkeit – pünktlich

Rechtschreibhilfe: Regeln anwenden

5 Übertrage die Tabelle in dein Heft. Entscheide, ob du die folgenden Wörter mit *s, ss* oder *ß* schreiben musst, und ordne sie in die richtige Spalte ein.

Verschlu■ – abgie■en – Brillenglä■er – Eiwei■ – prei■wert – Verfa■ung – Fu■gänger – weggela■en – Türschlo■ – Le■ezeichen – Versto■ – Auswei■

Wörter mit *s*	Wörter mit *ss*	Wörter mit *ß*
…	…	…

6

Rechtschreibhilfe: Artikelprobe

a Schreibe die fett gedruckten Wortgruppen in der richtigen Groß- und Kleinschreibung auf.

GANZ HARTE KERLE
WENN **DIE MEISTEN MENSCHEN** VOR KÄLTE BIBBERN, NEHMEN DIE PINGUINE **EIN BAD** IM EISKALTEN MEER. **DIE NATUR** HAT IHNEN **EINEN AUSGEZEICHNETEN FROSTSCHUTZ** MITGEGEBEN. DIREKT **AUF DER HAUT** HABEN SIE **EIN DICKES DAUNENFEDERKLEID,** DAS REGELMÄSSIG **MIT EINER SPEZIELLEN FLÜSSIGKEIT** GEÖLT WIRD. DADURCH KOMMT DAS WASSER NICHT AN DIE HAUT, DIE KÄLTE DRINGT NICHT **IN DEN KÖRPER. EINE DICKE FETTSCHICHT** UNTER DER HAUT SORGT DAFÜR, DASS **DIE KÖRPERWÄRME** NICHT VERLORENGEHT. ABER KALTE FÜSSE MÜSSEN DIE PINGUINE IMMER HABEN. WER WEISS, WARUM DAS SO IST?

b Suche die Wörter mit *ss* und überprüfe ihre Schreibung. Wo ist es richtig, wo musst du *ß* schreiben?

Merkwissen

Zuhören – Sprechen – Schreiben

Aus einer anderen Perspektive erzählen → S. 21	Man kann Geschichten aus unterschiedlichen Sichtweisen erzählen. Der **Ich-Erzähler** ist am Geschehen selbst beteiligt. Er erzählt aus seiner Sicht und gibt seine Gedanken und Gefühle wieder. Die **Sie-Erzählerin**/Der **Er-Erzähler** ist nicht selbst beteiligt, sondern beobachtet von außen.
Berichten → S. 37, 40	Ein Bericht soll Leser oder Hörer möglichst **knapp, sachlich** und **in der richtigen Reihenfolge** über ein Ereignis informieren: *Was geschah? Wann? Wo? Warum? Wer war beteiligt? Welche Folgen ergaben sich?* Die Auswahl der Informationen hängt vom Zweck, vom Anlass und vom Empfänger des Berichts ab. **Schriftliche Berichte** werden meist im Präteritum verfasst. In **mündlichen Berichten** kann man das Präteritum oder das Perfekt verwenden.
Beschreiben → S. 31, 32, 33, 36	Beim Beschreiben informierst du andere über etwas, was sie anhand deiner Angaben erkennen sollen. Welche Merkmale für die Beschreibung besonders wichtig sind, hängt davon ab, für wen und warum du etwas beschreibst. **Allgemeine Merkmale** sind Merkmale, die Gegenstände der gleichen Art gemeinsam haben. **Besondere Merkmale** treffen nur auf einzelne Gegenstände zu (Größe, Form, Material, Farbe, Besonderheiten).
Geschichten erfinden → S. 24, 26	Um eine Geschichte zu schreiben, solltest du zuerst **Ideen sammeln und ordnen.** Dazu kannst du ein Brainstorming, eine Reizwortkette oder Bilder als Anregungen nutzen. Halte deine Ideen in einer übersichtlichen **Stoffsammlung** fest. Schreibe anschließend einen **Entwurf** deiner Geschichte. Achte dabei besonders auf einen ansprechenden **Beginn.** Verwende **wörtliche Rede** und **anschauliche Adjektive und Verben,** um deine Geschichte lebendig zu gestalten. **Überarbeite** deinen Text sorgfältig und schreibe zum Schluss eine **Endfassung.**

Geschichten nacherzählen → S.20	Vor dem Nacherzählen musst du die Geschichte genau lesen oder beim Vorlesen gut zuhören. Teile sie in **Abschnitte** ein und notiere dir zu jedem Abschnitt **Stichpunkte** zum Inhalt. Achte beim Nacherzählen besonders auf die zeitliche Abfolge der Handlung, auf den Ort und auf die Gedanken und Gefühle der handelnden Personen.
Meinungen äußern → S.11	Du kannst zu Aussagen deiner Gesprächspartner deine Meinung äußern, das heißt, du kannst **zustimmen, ablehnen** oder einen **Kompromiss** vorschlagen: eine Ausweichlösung oder eine Bedingung für deine Zustimmung nennen.
Meinung begründen → S.14	Willst du jemanden von deiner Meinung überzeugen, dann musst du deine Sichtweise begründen. Bleibe **sachlich** und nenne **Beispiele.**
Mitteilungen verfassen → S.50, 51, 53	Überlege genau, **an wen** die Mitteilung gerichtet ist, **aus welchem Anlass** du schreibst und **welches Ziel** du verfolgst. Danach richtet sich, ob du mit der Hand oder mit dem Computer schreibst, ob du eine SMS verschickst oder eine Karte bzw. einen Brief, wie du die Person anredest, ob du ausführlich und anschaulich oder kurz und sachlich schreibst.
Präsentieren → S.46, 48, 49	Einen **Vortrag** solltest du gründlich vorbereiten. Sammle dazu Informationen und Anschauungsmaterial, ordne es und notiere es übersichtlich auf Karteikarten. Achte beim Halten des Vortrags auf freies, langsames und deutliches Sprechen und halte Blickkontakt zu deinen Zuhörern.

Mit Texten und Medien umgehen

Gedicht → S. 69, 70, 71	In einem Gedicht drückt der Autor seine Gedanken und Gefühle aus, dabei verwendet er oft sprachliche Bilder. Gedichte kann man in **Strophen** unterteilen, die aus mehreren **Versen** (Gedichtzeilen) bestehen. Gedichte haben einen bestimmten **Rhythmus** und können sich nach einem bestimmten Schema **reimen.**
Märchen → S. 60, 63	Viele Märchen sind an folgenden **Merkmalen** zu erkennen: gleicher oder ähnlicher Beginn, gleicher oder ähnlicher Schluss, Gegensatzpaare, magische Zahlen, Fantasiewesen, wiederkehrende Sprüche, Verwandlungen, Zaubereien, meist siegt das Gute über das Böse. **Volksmärchen** wurden meist mündlich überliefert. Der Autor sowie Zeit und Ort des Entstehens lassen sich nicht mehr eindeutig feststellen. **Kunstmärchen** sind die Schöpfung eines Dichters.
Medien → S. 92	Medien sind Mittel zur Verständigung der Menschen untereinander, wie z. B. Zeitung, Zeitschrift, Hörfunk, Film und Fernsehen, Computer. Man unterscheidet Medien zum Lesen (**Printmedien**) und Medien zum Hören und Sehen (**audiovisuelle Medien**).
Sage → S. 66	Sagen wurden von Generation zu Generation weitererzählt. Sie enthalten einen **wahren historischen Kern** (geschichtliche Begebenheiten, Personen, landschaftliche Eigenheiten, Gebäude und Naturerscheinungen). Man unterscheidet **Orts-, Götter-** und **Heldensagen.**

Wortarten und Wortformen

Adjektiv → S.122, 124	Adjektive bezeichnen **Eigenschaften** und **Merkmale.** Stehen Adjektive vor Nomen/Substantiven, passen sie ihre Form in Fall (Kasus), Zahl (Numerus) und Geschlecht (Genus) dem Nomen an. Dabei werden sie **dekliniert** (gebeugt), z. B.: *ein schönes Buch, mit schönen Bildern.* Die meisten Adjektive lassen sich **steigern** und haben dafür drei Formen: ▪ Positiv (Grundstufe), z. B.: *klein,* ▪ Komparativ (Mehrstufe), z. B.: *kleiner,* ▪ Superlativ (Meiststufe), z. B.: *am kleinsten.*
Artikel → S.111	Nomen/Substantive können als **Begleiter** Artikel bei sich haben. Sie verdeutlichen Fall, Zahl und Geschlecht des Nomens und lassen sich deklinieren, z. B.: *das Haus, dem Haus, des Hauses, eine Straße, (in) einer Straße.* **Unbestimmte Artikel** *(ein, eine, einer)* verwendest du, um Lebewesen oder Gegenstände neu ins Gespräch oder in den Text einzuführen. **Bestimmte Artikel** *(der, die, das)* verwendest du für Lebewesen oder Gegenstände, die schon bekannt oder im Text bereits eingeführt worden sind, z. B.: *Sie hat ein neues Fahrrad. Das alte Rad war zu klein.*
Deklination → S.109, 111, 112, 113, 122	Die Deklination ist die **Beugung** von Nomen/Substantiven, Artikeln, Adjektiven und Pronomen, z. B.: Nominativ: *das neue Haus* Dativ: *dem neuen Haus* Genitiv: *des neuen Hauses* Akkusativ: *das neue Haus*
Genus → S.107, 111, 122	Das Genus bezeichnet das grammatische **Geschlecht** eines Nomens/Substantivs oder eines Adjektivs: **männlich, weiblich** oder **sächlich.** Das grammatische Geschlecht erkennst du am Artikel *(der/einer, die/eine, das/ein).*
Kasus → S.109, 111, 112, 113, 122	Der Kasus bezeichnet den **Fall** eines deklinierbaren Wortes (Nomen/Substantiv, Artikel, Adjektiv, Pronomen). Es gibt vier Fälle: Nominativ: *Wer? Was?* Dativ: *Wem?* Genitiv: *Wessen?* Akkusativ: *Wen? Was?*
Konjugation → S.116	Die Konjugation ist die **Beugung** von Verben, z. B.: *(ich) schreibe, (du) schreibst; (er) schrieb.*

Nomen/Substantiv → S. 107, 108, 109	Nomen/Substantive bezeichnen **Lebewesen, Gegenstände, Orte, Ereignisse** und **Gefühle.** Sie haben ein grammatisches Geschlecht (Genus), das man am Artikel erkennen kann. Nomen können **dekliniert** werden. Sie treten in einer bestimmten Zahl (Numerus) auf und können in einem bestimmten Fall (Kasus) verwendet werden, z. B.: *(das) Haus – (die) Häuser – (in den) Häusern.* Nomen schreibt man **mit großem Anfangsbuchstaben.**
Numerus → S. 108, 111, 116, 122	Der Numerus bezeichnet die **Zahl** eines Nomens/Substantivs, Artikels, Adjektivs oder Pronomens. Es gibt eine Form für den **Singular** (Einzahl) und eine andere Form für den **Plural** (Mehrzahl), z. B.: *(das) Kind – (die) Kinder.*
Präposition → S. 126, 127	Wörter, wie *in, aus, bei, mit, nach, vor, hinter, über, zu,* sind Präpositionen. Sie drücken **räumliche, zeitliche** oder andere **Beziehungen** zwischen Wörtern und Wortgruppen aus. Sie stehen meist **vor dem Nomen/ Substantiv** und seinen Begleitern und **fordern** einen **bestimmten Fall.**
Pronomen → S. 112, 113	**Personalpronomen** als **Stellvertreter** von Nomen/Substantiven lassen sich **deklinieren,** das heißt, sie haben Formen für alle vier Fälle, z. B.: *ich, meiner, mir, mich; sie, ihrer, ihnen, sie.* Nomen können als **Begleiter Possessivpronomen** bei sich haben, die den Besitz anzeigen. Sie lassen sich **deklinieren** und passen sich im Fall dem Nomen an, z. B.: *meine Tasche, deines Bruders.*

Verb → S. 115, 116, 117, 118, 120, 121	Verben bezeichnen **Tätigkeiten** (was jemand tut), **Vorgänge** (was geschieht) und **Zustände** (was ist). Verben haben eine Grundform, den **Infinitiv,** und Formen für die 1., 2. und 3. Person im Singular und im Plural, man nennt sie Personalformen oder **finite Verbformen.** Die Veränderung der Verbformen heißt **Konjugation** (Beugung, Verb: konjugieren). Verben bilden **Zeitformen** (Tempusformen), die angeben, ob etwas (eine Tätigkeit, ein Vorgang, ein Zustand) schon abgeschlossen ist, noch andauert oder in der Zukunft stattfinden wird. Präsens und Präteritum sind **einfache Zeitformen,** sie bestehen aus einer einzigen Verbform. Perfekt, Plusquamperfekt und Futur sind **zusammengesetzte Zeitformen,** sie bestehen aus mindestens zwei Verbformen. Um alle Formen eines Verbs richtig bilden und schreiben zu können, kannst du dich an den drei **Leitformen** oder Stammformen orientieren. Diese sind: Infinitiv – Präteritum (1./3. Person Singular) – Partizip II, z. B.: *lesen – las – gelesen*. An den Leit-/Stammformen erkennst du starke und schwache Verben. Bei **starken Verben** ändert sich der Stammvokal, das Präteritum ist endungslos und das Partizip II endet auf *-en*, z. B.: *schwimmen – schwamm – geschwommen*. Bei **schwachen Verben** ändert sich der Stammvokal nicht, das Präteritum hat eine Endung *-t* und das Partizip II endet auf *-t*, z. B.: *lachen – lachte – gelacht*.
Wortart	Man kann Wörter verschiedenen Wortarten zuordnen. Du kennst bereits: Nomen/Substantiv, Verb, Adjektiv, Personalpronomen, Possessivpronomen, Präposition und Artikel.

Satzbau und Zeichensetzung

Adverbialbestimmung → S. 137, 138	Adverbialbestimmungen sind Satzglieder. Um z. B. Zeit- oder Ortsangaben zu machen, wird das Prädikat durch eine **Adverbialbestimmung der Zeit** (**Temporalbestimmung,** Fragen: *Wann?, Wie lange?, Bis wann?, Seit wann?*) oder eine **Adverbialbestimmung des Ortes** (**Lokalbestimmung,** Fragen: *Wo?, Woher?, Wohin?*) ergänzt, z. B.: *Ich bin ab 15 Uhr zu Hause.*
Attribut → S. 140	Attribute (Beifügungen) **bestimmen Nomen/Substantive näher.** Man kann sie mit *Welche(-r, -s)?* oder *Was für ein(e)?* erfragen. Attribute können nicht allein umgestellt werden. Sie bleiben immer bei dem Nomen, zu dem sie gehören, und sind ein Teil dieses Satzgliedes, z. B.: *ein lustiger Film, im Zimmer seines Bruders.* Sie werden deshalb auch **Satzgliedteil** genannt.
Aufzählung → S. 141	Manche Sätze enthalten Aufzählungen in Form von Wörtern oder Wortgruppen. Zwischen den einzelnen Gliedern einer Aufzählung muss ein **Komma** gesetzt werden, wenn diese nicht durch die Bindewörter *und, oder, sowie, sowohl ... als auch* verbunden sind.
Objekt → S. 135	Das Objekt ist ein Satzglied, das das Prädikat ergänzt. Der Fall des Objekts ist vom Verb abhängig. Man unterscheidet **Dativobjekte** (Frage: *Wem?*) und **Akkusativobjekte** (Frage: *Wen? Was?*), z. B.: *Sie begegnet einer Freundin. Er liest ein Buch.*
Prädikat → S. 133, 134	Das Satzglied Prädikat ist die **Satzaussage**. Es sagt etwas über das Subjekt aus. Subjekt und Prädikat bilden den Satzkern. Wenn das Prädikat nur aus dem finiten (gebeugten) Verb besteht, nennt man es **einteiliges Prädikat,** z. B.: *(er) liest.* Das **mehrteilige Prädikat** besteht aus der finiten (gebeugten) Verbform und anderen, infiniten (ungebeugten) Verbformen (Partizip II, Infinitiv) oder weiteren Wörtern. Das mehrteilige Prädikat kann andere Satzglieder einrahmen. Dann bildet es einen **prädikativen Rahmen,** z. B.: *Er hat ein Buch gelesen.*

Satzart → S. 129	Man unterscheidet drei Satzarten: **Aussagesatz, Fragesatz, Aufforderungssatz.** ▪ Um etwas mitzuteilen, bildet man einen **Aussagesatz,** in dem die finite (gebeugte) Verbform in der Regel an zweiter Stelle steht. Satzschlusszeichen: Punkt ▪ Um etwas zu erfahren, bildet man einen **Fragesatz.** Fragen beginnen meist mit einem Fragewort (z. B.: *wer, was, wie, wann, wo, warum*) oder mit einer finiten (gebeugten) Verbform. Satzschlusszeichen: Fragezeichen ▪ Wenn man jemanden zum Handeln auffordern will, bildet man einen **Aufforderungssatz.** Er kann einen Befehl oder eine Bitte ausdrücken. Diese Sätze beginnen meist mit der finiten (gebeugten) Verbform. Satzschlusszeichen: Ausrufezeichen oder Punkt
Satzglied → S. 130, 131	Subjekt, Prädikat, Objekt, Adverbialbestimmungen sind Satzglieder. Du kannst sie mithilfe der Umstellprobe ermitteln. Alle **Wörter, die sich im Satz zusammenhängend umstellen oder verschieben lassen,** bilden ein Satzglied, z. B.: *Die Kinder | warten | am Morgen | auf den Bus.*
Subjekt → S. 132	Das Satzglied Subjekt ist der **Satzgegenstand** des Satzes. Über das Subjekt wird etwas ausgesagt. Es steht in der Regel im **Nominativ** und kann mithilfe der Fragen *Wer?* oder *Was?* ermittelt werden. Subjekt und Prädikat bilden den Satzkern.
Umstellprobe → S. 130	Die meisten Wörter oder Wortgruppen kann man innerhalb eines Aussagesatzes umstellen. Eine Ausnahme macht nur die finite (gebeugte) Verbform, die immer an der zweiten Stelle steht. An der ersten Stelle, also vor der finiten Verbform, kann immer nur *ein* Satzglied stehen. Alle weiteren Satzglieder folgen nach der finiten Verbform. Die Umstellprobe hilft dir, die **Anzahl der Satzglieder eines Satzes** zu ermitteln.

Wortbedeutung und Wortbildung

Ableitung → S. 152, 153, 154	Mithilfe von **Suffixen** (Nachsilben) und **Präfixen** (Vorsilben) werden aus vorhandenen Wörtern neue mit etwas veränderter Bedeutung gebildet. Typische Suffixe für Nomen sind z. B.: *-heit, -keit, -ung, -nis.* Typische Suffixe für Adjektive sind z. B.: *-ig, -lich, -isch.* Durch das Anfügen von Präfixen, z. B.: *be-, er-, ent-, ver-,* verändern Verben ihre Bedeutung, z. B.: *achten – missachten.*
Wortfamilie → S. 156	Jede Wortfamilie hat einen **gemeinsamen Wortstamm.** Er bestimmt die Schreibung. Wortfamilien entstehen durch Ableitung und Zusammensetzung, z. B.: *lehren – Lehrer – Lehrbuch – Lehrling – ...*
Wortfeld → S. 34, 157	**Bedeutungsgleiche oder -ähnliche Wörter** bilden ein Wortfeld. Es gibt **Oberbegriffe** mit allgemeiner Bedeutung und **Unterbegriffe** mit spezieller Bedeutung, z. B.: *Pflanze: Baum – Birke, Buche, Fichte, ...*
Wortschatz-erweiterung → S. 147	Unser Wortschatz erweitert sich ständig, z. B. durch ▪ **Übernahme** von Wörtern aus anderen Sprachen, z. B. *Pizza,* ▪ **Wortbildung** mithilfe von Zusammensetzung oder Ableitung, z. B. *Hörbuch.*
Zusammensetzung → S. 148, 150, 151	Zusammensetzungen bestehen aus einem **Bestimmungswort** und einem **Grundwort.** Manchmal ist ein **Fugenelement** eingefügt. Das Grundwort eines zusammengesetzten Wortes bestimmt, zu welcher Wortart das zusammengesetzte Wort gehört und welches Geschlecht es hat, z. B.: *die Mittag|s|zeit.*

Richtig schreiben

Anredepronomen → S. 51, 187	Die Anredepronomen *du/dein, ihr/euer* können in Briefen und E-Mails klein- oder großgeschrieben werden. Die Anredepronomen *Sie* und *Ihr* und alle ihre Formen musst du in der **höflichen Anrede immer großschreiben.**
Artikelprobe → S. 185, 186	Mithilfe der Artikelprobe kannst du feststellen, ob ein Wort ein Nomen/Substantiv ist oder nicht, ob es groß- oder kleingeschrieben werden muss. Prüfe: Steht bei dem Wort ein Artikel oder lässt sich das Wort mit einem Artikel verwenden? Wenn ja, dann ist das Wort ein Nomen und wird großgeschrieben.
Verlängerungsprobe → S. 168, 181	Verlängere das Wort, bei dessen Stammauslaut oder *s*-Laut du zweifelst. Bilde z. B. die Pluralform oder ein Adjektiv, z. B.: *das Gol? – golden, der Ku? – die Küsse.*
Verwandtschafts-probe → S. 171	Wenn du nicht sicher bist, wie ein Wort geschrieben wird, suche nach einem stammverwandten Wort aus der Wortfamilie, z. B.: *mahlen – Mehl – Mühle; Band – Bänder – binden; Biss – bissig.*
Worttrennung → S. 183	Wenn man beim Schreiben den Platz bestmöglich nutzen muss, dann trennt man am Zeilenende mehrsilbige Wörter **nach Sprechsilben,** z. B.: *be-ra-ten.*
Zerlegeprobe → S. 170	Beim Zerlegen **in Sprechsilben** erkennst du, ob ein Wort mit zwei gleichen oder zwei verschiedenen Konsonanten geschrieben wird, z. B.: *es-sen, lis-tig.* Du kannst Wörter auch **in** ihre **Bestandteile/ Bauteile** zerlegen, um dir Sicherheit über deren Schreibung zu verschaffen, z. B.: *Ver-kauf, du nasch-st.*

Methoden und Arbeitstechniken

Aktiv zuhören → S.15	Um einen Gesprächspartner richtig verstehen zu können, ist aufmerksames und genaues Zuhören wichtig.
Auswendig lernen → S.71	Willst du ein Gedicht auswendig lernen, befasse dich zuerst mit dem Inhalt, den Reimen und dem Rhythmus des Gedichts. Lerne es danach Vers für Vers und Strophe für Strophe auswendig. Wiederhole das Gelernte regelmäßig.
Brainstorming → S.54	Brainstorming (engl. *brain* – Gehirn, engl. *storm* – Sturm) ist eine **Methode zur Ideenfindung.** Ausgehend von einem Bild, einem Begriff, einer Fragestellung oder einem Problem werden möglichst schnell, ohne nachzudenken, damit verbundene Gedanken, Gefühle oder Erlebnisse geäußert und notiert.
Gesprächsregeln beachten → S.18	In Gesprächen solltest du einige Regeln beachten, damit die Verständigung gelingt, z.B. sachlich und freundlich bleiben, andere zu Wort kommen lassen und gut zuhören.
Gruppenarbeit → S.55	Wenn ihr in einer Gruppe (4–6 Schüler/Schülerinnen) arbeitet, müsst ihr bestimmte Regeln beachten, damit ihr erfolgreich seid, z.B. die Aufgaben planen und verteilen und aktiv mitarbeiten.
Informationen suchen → S.73, 74, 75, 76, 77	Wenn du in der **Bibliothek** ein bestimmtes Buch ausleihen möchtest, suchst du es am besten im **alphabetischen Katalog.** Wenn du ein Thema hast und noch keinen genauen Buchtitel kennst, nutzt du den **systematischen Katalog.** Die meisten großen Bibliotheken verfügen über einen **Onlinekatalog im Internet.** Hier kannst du sowohl nach Schlagworten als auch nach Autoren und Titeln von Büchern suchen. Im **Internet** erleichtert dir eine **Suchmaschine** die Suche nach Informationen. Viele Suchmaschinen bieten auch **Web-Kataloge** an. Das sind Sammlungen von Internetadressen, die bereits nach bestimmten Themen oder Sachgebieten sortiert sind.
Texte verfassen → S.56–57	Beim Texte verfassen solltest du folgende Schritte gehen: 1. die Schreibaufgabe durchdenken, 2. den Text planen und gestalten, 3. einen Textentwurf schreiben, 4. den Textentwurf überarbeiten, 5. die Endfassung schreiben.

Lösungen zu den Tests

Texte erschließen (S. 90–91)

1 Der Text handelt vom Thema »Allergien«. mögliche Überschrift: Allergien beim Menschen

2

a Was will der Text leisten?
Wie entsteht eine Allergie?
Woran erkennt man eine Allergie?
Wie behandelt man eine Allergie?

b Der Autor will deutlich machen, an wen der Text gerichtet ist und was er mit dem Text leisten möchte.

3

a Allergie: weicht die Reaktion des Körpers auf bestimmte körperfremde Stoffe vom normalen Verhalten ab (Z. 6–7), allergieauslösende Stoffe nennt man Allergene (Z. 7–8), Körper hält diese Allergene für eine Bedrohung und wehrt sich (Z. 10–11), eine krankmachende Überempfindlichkeit des Körpers auf bestimmte Allergene (Z. 11–13)

b Eine Allergie ist eine krankmachende Überempfindlichkeit des Körpers auf bestimmte Allergene.

c Die allergieauslösenden Stoffe nennt man Allergene. (Z. 7–8)

4

a dritter Abschnitt (Eine Allergie zeigt sich ..., Z. 14–24)

b Augen, Nase, Atmungsorgane, Haut, Gelenke, Magen, Darm, Bauch

c/d

Körperteile	Beschwerden
Augen	tränen
Nase	läuft
Atmungsorgane	Atemnot
Haut	Ausschläge, Schwellungen und Juckreiz
Gelenke	Schwellungen, Schmerzen
Magen, Darm, Bauch	Übelkeit, Durchfälle

e 1. Vermeidung, 2. Medikamente, 3. Allergieimpfung

Über Sprache nachdenken (S. 160–161)

1 **Interessantes aus der Welt des Zirkus**
[...] Bis zum modernen Zirkus war es aber noch ein langer Weg. Kennst du die Namen der berühmtesten Zirkusse? Dazu gehören Renz, Busch, Sarrasani und Roncalli. Ganz besonders beliebt sind auch die russischen und chinesischen Zirkuskünstler. Hast du z. B. schon einmal etwas von dem weltbekannten Clown Oleg Popow gehört? Er konnte die Zuschauer nicht nur zum Lachen bringen, sondern war auch als Artist auf dem Schlappseil ein wahrer Meister.
Bei den Zirkusfans ist heute der Zirkus »Roncalli« besonders beliebt. Er wurde im Jahr 1976 gegründet. In seinen Program-

men treten Künstler aus vielen Ländern auf. Sie kommen z. B. aus der Ukraine, aus Russland, Amerika, Tschechien, Italien und Spanien. Hier begeistern atemberaubende Luftartisten, biegsame Schlangenfrauen oder blitzschnelle Magier das Publikum. Aber erst die harmonische Einheit von Artistik und Musik macht das Programm perfekt.

2

a Einzelne Zirkusfamilien | bestimmten | die Geschichte des Zirkus.
(3 Satzglieder)
In seiner Entwicklung | hat | der Zirkus | zahlreiche Wandlungen | durchgemacht.
(4 Satzglieder)
Den Zirkus | lieben | viele Menschen.
(3 Satzglieder)

b du weißt, wer gilt, er heißt, der Engländer lebte, er ... gedient hatte, konnte er ... reiten, mietete er, er ... errichten ließ, zeigte er

c gedient hatte, errichten ließ

d hast ... gehört, konnte ... bringen

e **1** zeigte dem Publikum (Dativ) waghalsige Kunststücke (Akkusativ)
2 begeistern die Leute (Akkusativ)
3 gefällt den meisten Besuchern (Dativ)

f **Ort:** in einem Kavallerieregiment, in London, auf dem (Feld), dort, bis zum modernen Zirkus, auf dem Schlappseil, in seinen Programmen, aus der Ukraine, aus Russland, Amerika, Tschechien, Italien und Spanien, hier
Zeit: von 1742 bis 1814, nach seiner Entlassung aus dem Armeedienst, 1768, einmal, heute, im Jahr 1976

3

a den festen Zirkusbau (Akk.)
mit anderen Reitern (Dat.)
auf dem Schlappseil (Dat.)
dem weltbekannten Clown (Dat.)
den großen modernen Zirkus (Akk.)

b z. B.:
vorzüglich – vorzüglicher – am vorzüglichsten,
modern – moderner – am modernsten,
lang – länger – am längsten,
berühmt – berühmter – am berühmtesten,
...

c erzählt (Präsens) – mietete (Präteritum) – ließ (Präteritum) – hat gehört (Perfekt) – treten auf (Präsens)

d **starke Verben:** lassen, (auf)treten
schwache Verben: erzählen, mieten, hören

4

a **Nomen:** Zirkusfamilie, Armeedienst;
z. B.: Kavallerieregiment, Zuschauertribünen,
Kunststücke, Zirkuskünstler, ...
Adjektiv: zahlreich, weltbekannt;
z. B.: atemberaubend, blitzschnell

b **Nomen:** Be|gründ|er;
z. B.: Engländ|er, Reit|er, Ent|lass|ung, Artist|ik
Verb: er|zähl|en;
z. B.: er|richt|en, ge|hör|en, be|geist|ern
Adjektiv: vor|züg|lich;
z. B.: waghals|ig, russ|isch, bieg|sam, harmon|isch

Richtig schreiben (S.188–189)

1 der Heimweg – die Zugvögel – die Schildlaus – das Ständchen – du schiebst – er verrieb die Farbe – trübsinnig – die Gelbsucht – er errät das leicht – er zeigt nach rechts

2
1 Die Fallschirmspringer (fal-len) bereiten sich auf den Absprung vor.
2 Alle sind voll (vol-le) konzentriert.
3 Einige haben den Blick zu Boden gesenkt (sen-ken).
4 Andere schauen wie gebannt (ban-nen) zur Decke.
5 Als das Kommando ertönt, stellt (stel-len) sich der erste Springer an die Luke.
6 Sein Sprung beginnt (begin-nen).
7 Er fällt (fal-len) in die Tiefe.
8 Nach kurzer Zeit öffnet (of-fen) sich der Schirm.
9 Wenige Minuten später haben es alle geschafft (schaf-fen).
10 Jedes Mitglied der Staffel ist im markierten Kreis gelandet.

5

Wörter mit *s*	**Wörter mit *ss***	**Wörter mit *ß***
Brillen-gläser	Verschluss	abgießen
preiswert	Verfassung	Eiweiß
Lese-zeichen	weg-gelassen	Fußgänger
Ausweis	Türschloss	Verstoß

6

a die meisten Menschen, ein Bad, Die Natur, einen ausgezeichneten Frostschutz, auf der Haut, ein dickes Daunenfederkleid, mit einer speziellen Flüssigkeit, in den Körper, eine dicke Fettschicht, die Körperwärme

b regelmäßig, Flüssigkeit, Wasser, dass, Füße, müssen, weiß

Quellenverzeichnis

Textquellen

6 Polen, Tschechien. Nach: http://www.kindernetz.de/infonetz/thema/europa [18. 12. 2008] (Autorin: Yvonne Unger) **19 f.** Elend. Aus: Probst, Anneliese: Sagen und Märchen aus dem Harz. Berlin: Altberliner Verlag, 1995, S. 55 ff. **44** Dresden war ... Aus: Kästner, Erich: Als ich ein kleiner Junge war. Hamburg: Cecilie Dressler Verlag, 1957, S. 51 ff. **58** Die Kinder- und Hausmärchen der Brüder Grimm. Berlin: Der Kinderbuchverlag, 1962. Band I, S. 49, 100, 146, 198. Das große Buch der Märchen. Heitersheim: Eurobooks Germany, 1999, S. 180. **59** Der süße Brei. Aus: Die Kinder- und Hausmärchen der Brüder Grimm. Berlin: Der Kinderbuch Verlag, 1962. Band II, S. 5. **61 f.** Die Teekanne. Aus: Andersen, Hans Christian: Sämtliche Märchen und Geschichten. Leipzig: Dieterich'sche Verlagsbuchhandlung, 1953, S. 418 ff. **64 f.** Bockemühl, Erich: Die Weiber von Weinsberg. Aus: Deutsche Sagen. Berlin: Marhold, 1956. **65** Treue Weiber und Herren von Weinsberg. Aus: http://www.wikipedia.de [18. 12. 08] (Autor: Rosenzweig). **66** Die Weiber zu Weinsperg. Aus: Brüder Grimm. Deutsche Sagen. Berlin: Rütten & Loening, 1983, S. 240. **68** Mörike, Eduard: Er ist's. Aus: Mörikes Werke in einem Band. Berlin, Weimar: Aufbau, 1969, S. 53. Roth, Eugen: Der Baum. Aus: H.-J. Gelberg (Hg.): Der fliegende Robert. Viertes Jahrbuch der Kinderliteratur. Weinheim, Basel: Beltz & Gelberg, 1977, S. 285. Fontane, Theodor: Mittag. Aus: Fontanes Werke in fünf Bänden. Bd. 1. Berlin, Weimar: Aufbau, 1964, S. 3 f. **79** Warum stehen Heizungen immer unter dem Fenster? Aus: Wissen macht Ah! Das Magazin für Klugscheißer. 2/2008, S. 27. **81** Wüsten – schrecklich und schön. Aus: Wissen macht Ah! Das Magazin für Klugscheißer. 2/2008, S. 32 f. **82** Kann man unter Wasser riechen? Aus: Märkische Oderzeitung. 07. 03. 2008, S. 12. **83** Graben in der Vergangenheit. Aus: Alan Millard: Schätze aus biblischer Zeit. Wertvolle Funde aus biblischer Zeit – ihre Entdeckungsgeschichte – ihre Bedeutung. Gießen, Basel: Brunnen, 1986, S. 32. **84** Angefangen hat alles ... Aus: Wissen macht Ah! Das Magazin für Klugscheißer. Nr. 2/2008, S. 16 f. **85** Na gut, ganz so einfach ... Aus: Wissen macht Ah! Das Magazin für Klugscheißer. Nr. 2/2008, S. 44 f. (gekürzt und vereinfacht). **86** Die Menschen wohnten ... Aus: Connolly, Peter: Die alten Römer. Text von Andrew Solway. Tessloff Verlag 2001, S. 14 f. **87** Die meisten Römer ... Aus: Connolly, Peter: Die alten Römer. Text von Andrew Solway. Tessloff Verlag 2001, S. 42 f. **88** Es gibt nur ... Aus: Reinicke, Rolf: Steine am Ostseestrand. Schwerin: Demmler, 2007, S. 7. **89** Viele Menschen ... Nach: Birkfeld, Alfred; Herschel, Kurt: Pilze essbar oder giftig. Neubearbeitung von Frieder Gröger. Lutherstadt Wittenberg: A. Ziemsen Verlag, 1983, S. 4 ff. **93** Bei den Freizeitbeschäftigungen ... Nach: Feierabend, Sabine, Rathgeb, Thomas: KIM-Studie 2006: Kinder und Medien, Computer und Internet. Basisuntersuchung zum Medienumgang 6- bis 13-Jähriger in Deutschland. Herausgegeben vom Medienpädagogischen Forschungsverbund Südwest. Stuttgart, 2007, S. 10 f. (gekürzt). www.mpfs.de **95 f.** Nöstlinger, Christine: Dicke Didi, fetter Felix. Dachs-Verlag, 1998, S. 9 ff. **100** Aus: Duden – Das große Vornamen-Lexikon. Bearb. von Rosa und Volker Kohlheim. Mannheim, Wien, Zürich, Leipzig: Dudenverlag, 1998, S. 54. **104** Aus: Naumann, Horst (Hg.): Das große Buch der Familiennamen: Alter, Herkunft, Bedeutung. Niedernhausen/Ts.: Falken Verlag, 1994, S. 115. **114** Früher mochte Mark ... Nach: Tiere als Therapeuten. Aus: GEO, Nr. 3, März 2001, S. 100 ff. Ratten in US-amerikanischen Städten ... Aus: Herrmann, Sebastian: Zehn Dinge, die Sie noch nicht wissen über Ratten. In: Süddeutsche Zeitung, 25. 01. 2008, S. 18. **119** Ein 16-jähriger Surfer ... Nach: Hai tötet jungen Surfer. Aus: Berliner

Zeitung, 09.04.2008, S.32. **120** Ein Adlerrochen … Nach: Frau auf dem Schiff von Rochen erschlagen. Aus: Süddeutsche Zeitung, Nr. 69, 22./23./24.03. 2008, S. 12. **123** Fast alle Szenen in den Potter-Filmen … Nach: Levine, Tom: Hübsch, aber dumm: Der Tiertrainer Gary Gero dressierte die Eulen für den Harry-Potter-Film. Aus: Berliner Zeitung, 16.11.2001, S. 10. **126** Während der Schulferien … Nach: Stolpe, Marika: Ein Elefant zum Freund. Aus: GEOlino 4/2007, S. 44 ff. **127** Einer der schwierigsten Kinofilme … Aus: Zick, Thomas: Tierische Filmstars. In: PM, Willi will's wissen, Nr. 06/2007, S. 10 ff. **145** Manz, Hans: Ein, kein oder mehrere Geschwister? Aus: Manz, Hans: Mit Wörtern fliegen. Neues Sprachbuch für Kinder und Neugierige. Weinheim/Basel: Beltz, 1995, S. 61. Manz, Hans: Gleichungen. Aus: ebenda, S. 60. **149** Fühmann, Franz: In der Kuchenfabrik. Aus: Fühmann, Franz: Die dampfenden Hälse der Pferde im Turm von Babel. Berlin: Kinderbuchverlag, 1978, S. 60 f. **167** Wahrig-Redaktion (Hg.): Wahrig: Die deutsche Rechtschreibung. Gütersloh, München: Wissen Media Verlag GmbH, 2006, S. 382.

Bildquellen

10 *Buchcover:* © 2001 by Rowohlt Berlin GmbH, Berlin **20** picture-alliance/ZB, Frankfurt am Main **41** Petra Pönisch, Grüna **44** *Buchcover:* Dressler Verlag, Hamburg, 1957 **47** Thomas Schulz, Teupitz (2) **60** picture-alliance/dpa, Frankfurt am Main **65** picture-alliance/HB-Verlag, Frankfurt am Main **66** picture-alliance/HB-Verlag, Frankfurt am Main **72** *Buchcover:* Tosa-Verlag, Wien, 2007 **74** *Buchcover:* Hinstorff Verlag, Rostock, 2005 **80** *Illustration:* W. Zieger, Berlin **84** picture-alliance/ZB, Frankfurt am Main **85** picture-alliance/dpa, Frankfurt am Main **92** *Buchcover* (Wunschpunsch): Thienemann Verlag, Stuttgart, 2007; *Cover Hörbuch* (Die wilden Kerle): Baumhaus Verlag, Frankfurt, 2006; *DVD-Cover* (Harry Potter und der Stein der Weisen): Warner Home Videos, 2004 **94** *Buchcover* (Moritz in der Litfaßsäule): leiv Leipziger Kinderbuchverlag GmbH, 2005; *Buchcover* (Herr der Diebe): Dressler Verlag, Hamburg, 2002; *Buchcover* (TKKG – Die spannendsten Fälle): Bassermann Verlag, München, 2008 **96** *Buchcover* (Dicke Didi, fetter Felix): © 2000 Beltz & Gelberg in der Verlagsgruppe Beltz, Weinheim & Basel **98** *Cover* (Was ist was?): Egmont Ehapa Verlag, Berlin; *Cover* (GEOlino): Verlag Gruner + Jahr, Hamburg; *Cover* (Staffette): Seiler Verlag Nürnberg **100** *Buchcover* (Vornamenlexikon): Dudenverlag, Mannheim, 2007 **103** iStockphoto.com **104** *Buchcover* (Das große Buch der Familiennamen): Bassermann Verlag, München **105** picture-alliance/ZB, Frankfurt am Main **106** *Kartenausschnitt:* schmidt-buch-verlag.de **107** Buena/Vista/Cinetext, Frankfurt am Main **111** picture-alliance/dpa, Frankfurt am Main **116** picture-alliance/NHPA/photoshot, Frankfurt am Main **120** picture-alliance/dpa, Frankfurt am Main **123** blickwinkel.de **124** *Filmfotos:* (Tom und Jerry): Cinetext, Frankfurt am Main; (Findet Nemo): Disney/Cinetext, Frankfurt am Main **138** picture-alliance/dpa, Frankfurt am Main **160** picture-alliance/dpa, Frankfurt am Main **173** picture-alliance/dpa, Frankfurt am Main

de.fotolia.com

©: 6 Andrea Seemann (Marienburg); Dreadlock (Hradschin) **22** Olaf Straesser **34** Kerioak (Dobermann); Eric Isselée (Pudel); Otto Durst (Dalmatiner) **43** Rainer Schmittchen **47** herb (Frauenkirche) **54** Charly **81** jean luc bohin **83** cenap refik onganv **88** waltart **89** martine wagner **90** godfer **115** Kitch Bain **119** Leito **129** Til Sepke **187** Galina Barskaya **188** Thomas Stüber

Sachregister